騎手エージェント
の内幕を知れば
こんなに馬券が獲れる!

野中香良
&エージェント研

競馬ベスト新書

はじめに

エージェント（騎乗依頼仲介者）…競走に関し、騎手が馬主又は調教師から騎乗依頼を受けるにあたり、騎手本人に代わって騎乗依頼の受付や承諾等を行なう者のこと。1名の騎乗依頼仲介者が担当できる騎手の人数に、制限（3名＋若手騎手1名）を設けている。

これが、エージェントとは？　という問いに対しての、ホームページで確認できるJRAの回答。少しでも競馬を齧《かじ》っているファンならば、エージェントは必ず耳にしたことのある言葉だろう。

早い話が本人に代わって、厩舎からの連絡を受け、騎手の騎乗予定（スケジュール）をコントロールする人間のこと。それは間違っていないのだが、大半の競馬ファンはそれ以上、エージェントのシステムについて詳しく知らない。知りたくても実情がよくわからないのだ。

これは私的な意見になるのだが、我々日本人は本来、エージェントを愛せない人種だと思う。横文字にしているので耳触りはよいが〝中抜き〟〝斡旋〟。この言葉に好意的なイメージを持つ人は少ないだろう。

例えば、毎年のように日本のプロ野球からメジャーへと挑戦する選手がいる。彼らの活躍を望むのは当然としても、自分には一銭も入ってこないのに、まるでアメリカ人から金をブン取ったかと錯覚するほど契約金について強い関心を日本人は持つ。

しかし、その契約を結んだ経緯として、どのような代理人がいて球団相手にどのような交渉をし、彼がいくら〝中抜き〟したのかには興味を持たない。というよりも、聞きたくないのだ。おそらく大谷もダルビッシュもイチローも、代理人のほうが本人よりも、彼らが今年何勝し、何割の打率を残すのか。その数字をイメージできているはずだろう。

しかし競馬になると話は別だ。結果をしっかりイメージできているエージェントの頭の中、内幕を知れば、我々の直接的な利益につながる。つまり馬券的中がグッと近づくのだ。

彼らが、いくら中抜きしようが、斡旋業で私腹を肥やしていようが関係ない。これは、騎手をアスリートと思わず、ビジネスマンと思うことで見えてくる事実でもある。

しかし後述するが、当事者であるエージェント、騎手、ＪＲＡの3者は、現時点で非常に不安定な状態の上に立っており問題は山積み。それぞれの思惑が異なっているから起こっている問題なのだが、そこに触れる前に、まず騎手エージェントの歴史から振り返っていこう。

第3章 〝彼ら〟が牛耳るジョッキーの世界【関西編】

第4章 騎手エージェント馬券の攻略ポイント 135

エージェントと騎手【関東】【関西】最新リスト

装丁◎塩津武幹　本文ＤＴＰ◎オフィスモコナ
写真◎高橋章夫、武田明彦　馬柱◎優馬（一部、競馬エイト）
名称・所属・データは一部を除いて2018年４月末日終了時のものです。
成績、配当は必ず主催者発行のものと照合してください。
また、エージェント（騎乗依頼仲介者）については、ＪＲＡホームページ上で最新の情報を確認するよう、お願いいたします。

馬券は自己責任において、購入お願いいたします。

第1章

エージェントたちの競馬界侵攻ヒストリー

岡部騎手と松沢TM…エージェント誕生の瞬間

ＪＲＡがエージェント制度を公式に認めたのは２００６年。それまでＪＲＡは「騎乗依頼は調教師が騎手に直接行なうものであり、第３者の介入は認めない」というスタンスを取っていた。しかし、実情は「バレないでやってくれるのであれば見ないフリ」という側面があったのは否めない。

１９９０年代には、エージェントの存在がサークル内で暗黙の了解として認知されており、複数の騎手がエージェントを利用していた。

その先駆けとなったのが、１９６７～２００５年まで活躍していた岡部幸雄騎手。ご存知、シンボリルドルフで三冠を制するなど、輝かしいキャリアの持ち主である。

岡部騎手がデビューした頃は、騎手は全員いずれかの厩舎に所属していた時代。そのような中で、彼が目指したのは、「馬優先主義」と同時に**アメリカ型の実力優先主義**だった。

親方（調教師）の顔色をうかがいながら騎乗馬を自由に選べない。そんな日本の馬社会に疑問を呈し、84年に厩舎から離れフリーとして活動を始めたのだ。

彼の考え、目指す方向は、多くの若手騎手たちが共感したことから、アッという間にトレセン内に広がり認知されることになる。90年代半ばには、時代を代表する武豊騎手も、フリーの道を選択。現在では騎手の大半がフリーで活動するようになった。

岡部騎手が所属厩舎から離脱したとき、関係者はおそらく「これまでの馬社会の常識が簡単に崩れるわけがない」とタカを括っていたに違いない。そこが岡部騎手の賢いところ。自分の理想をつくり上げるためには、時間をかけてでも地位づくりを怠らなかった。

同時期に活躍していたひとりのジョッキーは、彼のことをこう語る。

「(岡部騎手は) 嫌いというより何を考えているかわからないし、ひと言でいうと面白くない人間。昔、調整ルームの食堂でバカ話を皆でしていたんだ。すると隣で本を読んでいた。絶対聞き耳は立てていたはずなんだよ。だからこっちに来てお前も話せと促したら『馬場を見てくる』って外に出ていっちゃったんだ。夜中だよ。しかも、そのとき外は大雨。明日の馬場状態なんてわかるわけないし、皆、呆気に取られていたね」

それまでのトレセンは人間関係の比重が大きかった。調教師も勝つためには、人脈づくりが大事。騎手も先生 (調教師) には可愛がってもらわないといけなかったし、レースのことを考えるとジョッキー仲間と距離を詰めることは当然という時代だった。

それでも岡部騎手はレースで結果を出すことだけを、常に考えていたという。「馬優先主義」という言葉が岡部騎手の代名詞になっていた頃、トレセン内ではこのような言葉が流行っていたそうだ。
「あぁ、あの人間関係後回し主義ね」

グリーングラスで天皇賞春、ダイナカールでオークスを勝つなど数々の実績を積み、大きな存在となっていた岡部騎手は、84年には先述したシンボリルドルフを駆り三冠制覇。その結果、所属関係者の思いとは裏腹に、騎乗依頼が彼に殺到することに。

それは人間関係のしがらみなく、自分の目で見た、自分が乗りたい馬に乗る――岡部騎手の念願が成就した瞬間……のはずだった。しかし、騎乗依頼が殺到したことで、その電話対応などに時間が取られてしまい、彼が目指す「馬のことだけを考える人生」とは、ほど遠い結果になってしまう。

そこで誕生したのが、自分に変わって調教師からの騎乗依頼を電話で受け、騎手のスケジュールを調整する人間。これがエージェント登場の瞬間である。

そして岡部騎手から白羽の矢が立ったのは、競馬研究ニュース（当時、競馬研究）のトラックマン（以降ＴＭ）松沢昭夫氏であった。

どうして、松沢氏が選ばれたのか？

「友達がいなかったから、イヤでも近づいてくる競馬記者しか思いつかなかったのだろう」と、先述の口の悪い当時の同僚騎手はいうが……エージェントという仕事のレベルを上げるためには、より走る馬を見極める能力が必須。普段から予想するため過去の成績を分析し、馬の状態を把握しているＴＭは最適だったといえよう。

かくして松沢氏は岡部騎手の騎乗依頼の窓口になった。これだけならば、馬券ファンにとっては関係のない話。騎乗馬選びの精査レベルが若干向上し、岡部騎手の勝率がやや上がる程度の話だったのだろう。

しかし、そう簡単なことで済まされなかった。ひとつのレースに対して、岡部騎手に複数の依頼が来たとき、断らざるをえなかった馬を、当時可愛がっていた蛯名正義、柴田善臣、田中勝春騎手ら若手に回したのである。これが「岡部軍団」（岡部ライン）の誕生につながっていった。

結果、これらの騎手たちは、90年代〜現在まで第一線級で活躍。いずれもGIジョッキーにもなっており、岡部人脈に連なったことは成功だったたといえよう。

スローペースの現代競馬のルーツは、岡部ラインにあり!?

岡部軍団……そこにはこんなイメージがあったのも確かだ。「暗黙の了解で、彼らは軍団の頂点にある岡部騎手を負かさない」という不文律である。

乗っている以上、勝つつもりでレースをしていると宣言されれば、それ以上追及することはできないが、乗っているのは岡部騎手に馬選びを一任された松沢氏から、能力が一枚落ちると判断された馬ともいえる。

それでも岡部騎手に依頼してくるのだから、レースのメンバーでは次位グループに該当する有力馬。逆にいえば、そこを封じ込めば勝たせたいボス（岡部）の勝率は自然と上がる。

通称〝岡部ライン〟と呼ばれる、これらのグループは規律を守るため？　無茶なハイペースもなくし、道中でのマクリなどトリッキーな戦略も競馬から奪ってしまった。

スローな競馬でラフプレーもなく直線を向いてヨードン。瞬発力に長けている素質馬が勝つように制御された競馬。オールドファンがボヤく、今日まで続く単調な現代競馬の始まりである。


実際、勝ち星の集中はこんなデータからも読み取れる。岡部騎手がフリーになる84年まで、全国リーディングはうまくいって100勝。70勝でも十分に頂点に立てる数字だった。

しかし、それ以降は130勝以上が当たり前。90年代の武豊騎手の全盛期に入ると、160勝、170勝と毎年のように記録は更新され、2000年代には200勝にまで到達する。

当然、岡部騎手や武豊騎手が並外れた能力を持っていたことを否定するつもりはない。しかし、エージェントの存在がなければ、ここまで有力馬が集中することもなかっただろう。


そしてレースの単調化以上に問題となったのが、馬券を購入することができるTMが、このような操作をすることで「公正な競馬が保たれているのか」という問題である。

当時の競馬研究紙面上で松沢氏は『今日の岡部』というコーナーを書いていた。岡部騎手の騎乗馬をジャッジするのだが、複数の騎手のエージェントも兼任しているということから、この企画は個のジャッジではなく、他馬との比較を行なっていたように思える。

優劣をつけて騎乗馬を振り分けている人間が、読者に対し知らないフリをして、よい馬を集めた騎手をジャッジする。真っ黒とはいえないものの、今の時代から判断しても明らかにグレーな行為。実際、ＪＲＡでは何度も松沢氏を排除しようという動きがあったそうだが……。

結果はいまだにエージェント制度は残り、岡部騎手は引退後、ＪＲＡアドバイザーという役職に就いている。ＪＲＡサイドの〝エージェント排除〟がどこまで本気だったのかは謎だが、岡部騎手の政治力が一枚も二枚も上だったようだ。

90年代を跋扈《ばっこ》した兼任エージェントの実態

そして時代は、１９９０年代へと移行する。91年に新馬券の「馬連」が導入され、空前絶後の競馬ブームの到来。バブル期と重なったこの現象により、競馬はお金を生み出す打ち出の小槌となった。

ＪＲＡは売り上げを増やすことに神経を注ぎ、有名人をＣＭに起用するなどバンバン広告費を使って、競馬のブランドイメージ化に成功。明らかに80年代の競馬とは別のシステムができ上がっていった。

しかし、その売り上げ増を演出したのは、JRAの企業努力の賜物と感じる人間は少ないだろう。どちらかといえば、現場サイド（トレセン）が支えていたブームだった。アイドルホース、アイドルジョッキーの存在である。

当時、上司にエージェントがいたという某TMはこう振り返る。

「岡部さんは強い馬に乗りたくてエージェントを導入しましたが、この頃は話題の馬にどうやって騎手を乗せるかという風にエージェントの考えは変わってしまっていました。

当時、競馬ファンから人気を集めていたアイドルホースのM。一流の競走馬だったのは間違いありませんが、好不調の波がハッキリしていた馬でした。そんなとき、エージェントをしている先輩に『今度、Mに（先輩が担当している）A騎手が乗るんですけど、勝てるんですか？』と聞いたんですよ。

すると先輩は『来るわけないじゃん。だけどMの依頼を勝ち取ったという実績は、俺のキャリアに後々響いてくる』と笑っていました。対外的にアピールするためにも、ここは勝つ馬よりアイドルホースを選んだということ。

先輩は、紙面ではMを連穴評価に下げて、しっかり勝ち馬に本命を打っていました。まさにやりたい放題の時代ですね」

このような〝TMを本業とするエージェント〟（以降、兼任エージェント）を生み出した背景には、競馬新聞の記者諸氏の給料が安すぎる問題がある。

今でも続く「好きなことをやらせてやっているのだから我慢しろ」という考え方。多くの記者たちは馬券で、勝たないと普通の生活もままならない。だからこそ真剣な予想をファンに提供できるという側面もあるだろうが、一般社会だと理解に苦しむ話だ。

そして馬券での利益確保の他に、TMの収入源といえば、テレビ番組の解説や、競馬雑誌のコラムなどのアルバイトがある。現在進行形で、この点は他業種と大きく異なる。禁止するどころか、新聞社は社員たちに副業を勧めているのが、競馬業界の暗黙のルールなのだ。

90年代は、今とは比較にならないほど競馬を扱う媒体が多かった。まさに業界にとって華の時代。月刊競馬誌の数も違えば、アダルト誌や少年漫画誌にも、競馬に関する企画ページが用意されていた。

テレビもグリーンチャンネル（競馬専門チャンネル）こそ95年開局だが、通常のバラエティ番組やスポーツニュースにも競馬の特集が頻繁に流れていた。給料が上がらない本業よりも、どうやって副業で収入を増やすかを、専門紙のＴＭが考えることは自然なことだろう。

「その先輩は、Ｍの取材に来た人みんなに自分の名刺をバラまいていましたね。競馬業界だけでなく、大手代理店の社員やテレビ局のプロデューサーが、アイドルジョッキーやアイドルホースの周りに集まっていた時代ですから。

その甲斐あって、先輩はイベントなどに多く呼ばれることになり新聞社を退社。関西ですけど、競馬番組の解説者としてフリーランスで活躍していましたよ」

よい騎手がよい馬に乗る、それが当たり前の時代をつくる。スタートはその願いから始まったエージェントという存在だが、数年で早くも綻びが出始めたのである。


ここでお金の話が出たので、基本的なエージェントの収入システムを説明しよう。

各ジョッキーとの契約によるので、一概にはいえないのだが、**騎手の取り分に対して大体5%が取り分の相場**だといわれている。

すなわち年間1億円稼ぐジョッキーならば、エージェントは500万円といった具合だ（賞金に対してだと騎手が4・75％で、0・25％がエージェントの比率）。

エージェントの仕事は、自分が馬に乗るわけではなく、電話を受けて勝ちそうな馬の陣営にいい返事をする。それだけのことでこれだけの報酬を得られるなら……自分の予想力、相馬眼に自信のある競馬ファンにとっては、羨ましすぎる仕事内容かもしれない。

ただ、本業にするにはこの収入だと不安定すぎるのだ。ジョッキーには怪我がつきもの。完治まで半年や1年の休養を要する自体も多々起こってしまう。

2015年末、担当している某騎手が落馬して9カ月の休養を余儀なくされたとき、エージェントをしていたTMは、その日の夜の生放送で明らかに元気を失っている姿をテレビに晒してしまい、ネット上で話題となったほどである。

それに先ほど例に出した数字なのだが、年間1億円の賞金収入がある騎手は意外と少ない。17年でいえば、リーディング13位の浜中騎手のエージェントで取り分が約500万円（あくまで推定）。デムーロ、ルメール騎手といったGⅠをボコボコ勝つジョッキーのエージェントになれれば、1000万円という大台は手にすることができるかもしれないが、そのポジションに収まることなど奇跡に近いほどの狭き門。

その両騎手にしても、負傷による長期欠場の不安は残されており、他の仕事をせずに専任でエージェントをするのはなかなか難しい。JRAは渋い顔をしているが、トレセンに通っている必然性があり、他に安定した収入が確保できている人間となると、兼任エージェントに頼るしかないのが現状なのである。

武豊王朝とエージェント

話を1990年代のエージェント事情に戻そう。競馬が4兆円産業といわれノリに乗っていた時代。この時代の主役は間違いなく武豊騎手であった。

そんな彼のエージェントは、元ホースニュース馬のTMで、現在は専任エージェントとなっている平林雅芳氏。しかし調べてみると、平林氏とエージェント契約を交わしたのは2001年。92〜00年にかけて、9年連続でリーディングを獲得した第1次黄金期には、エージェントは付いていなかったことになる。

「武豊騎手にエージェントが付いていなかったのかと問われれば、確かにエージェントはいなかったように思います。しかし、当時は誰もそのことを不思議に思っていなかったんです。

なぜなら、専門紙やスポーツ紙には一時の岡部（幸雄）さんのように〝今日の武豊〟という枠が必ずあり、武豊番が存在していました。言葉は悪いですが、彼らは豊さんに気に入られるためならと、こぞって協力し合っていました。だから、みんな無報酬で豊さんのエージェントの代わりを務めていたんですよ。豊さんの人心掌握術、カリスマ性は騎手の中でも群を抜いていますから、みんな力になりたいと志願しちゃうんです。

『豊と連絡がつかないから、君に電話したのだが伝えてくれるか』調教師からしょっちゅう電話を受け『この馬は走るの？』と豊さんに聞かれる。武豊番は素人エージェントの集まりでした（笑）」（栗東の某ＴＭ）

後日判明することになるが、武豊騎手は90年代、意図的にエージェントを付けていかなったようだ。というのも具体的には後述するが、17年にＪＲＡはエージェント制の廃止に向けて騎手会に通達する。そのとき親しい人間に武豊騎手はこう語ったという。

「そんな問題は今に始まったことでなく、自分は10代のときから慎重に行動していた。それがいつまでも改善されないから、表立ってエージェントを付けたのに……。（ＪＲＡは）対応が遅すぎる」

時代をつくるカリスマは、若くして業界の隅々まで見えていたということだろう。加えて彼が特定のエージェントを付けなかった理由としては、いつまでも日本で乗るつもりがないとい

うことが大きかったのではないか。
　先に述べたが、専任エージェントは収入面で非常に不安定な職業。面倒見のいい武豊騎手だけに、もし専任を付けた場合は自由に海外競馬に参戦できなくなると考えたのだろう。
「そんな武豊騎手がエージェントを正式に採用しようと考えを変えた理由として、01年、長期に渡って活動拠点をヨーロッパに移したことが挙げられます。
　ベースはヨーロッパなのですが、日本でも騎乗する機会は当然ありました。しかし日本の競馬を見ていないので、正確な馬の力量分析ができない。そこで平林さんの力が大いに役立ったのです」（栗東の某ＴＭ）

ターニングポイントとなった01年は、そういった理由から当時のキャリアで最低の65勝に終わった。それでも獲得賞金16億円強。平林氏には相場で計算しても400万円の収入があったということになる（平林氏の場合、10％の契約にしているという噂もあり、その場合は800万円の収入となる）。

そして02年から再び武豊騎手の快進撃が始まる。第二期黄金期の到来で、03年から05年にかけては3年連続200勝超え。ルメール、デムーロ騎手は当然として、安藤勝己騎手もまだ地方から中央に移籍間もない時期だったため、すべての勝ち星が武豊騎手に集中したといっても過言ではないだろう。

「平林さんもノリに乗っていた時期ですね。ファンからは〝強奪〟なんていわれていますが、平林さんは本当に温和な口調で調教師を口説くのです。『僕は競馬ファンのひとりとして、武豊が○○に乗る姿が見たいんです』と本気でいうんですよ。

美浦や栗東に数多くエージェントがいますが、そんな戦法が通用するのは武豊＋平林雅芳コンビだけ。ただ負けた後は、一切連絡をして来なくなったと、怒りを露わにする調教師も何人か見たことがあります。もう少し敗戦時のフォローをうまくしておけばよかったと思いますが……」

平林氏はホースニュース馬が廃業する前に退社。日本一の専任エージェントとして、その名を競馬史に刻んでいったのだ。

武豊騎手とエージェント平林雅芳。このコンビは間違いなく、ひとつの時代をつくった。ココロとエージェントを代えるのが当たり前になった現代でも、このコンビはいまだに継続中。そんな2人の絆の強さを物語るエピソードがある。

「2000年代半ばは、2人にとって絶好調の時期でした。しかし2010年、武豊騎手が落馬事故に遭ってから、勝ち星に恵まれない2人には暗い時代が続きます。リーディング二ケタ順位まで落ち込んだときは、周囲の人間は『平林を切れ』と豊さんに助言したそうです。でも豊さんは、自分が悪いからと平林さんを使い続けた。そんな中、少し霧が晴れてきた13年。日本ダービーでキズナが勝ったとき、普段冷静な平林さんが目に涙を溜めて、豊さんを迎えたといいます。

そんな喜びを知っている2人だからこそ、これからもいい関係は続いていくでしょうね」（某栗東の某TM）

もちろん武豊騎手の男気に異論を唱えるつもりはない。ただデビュー以来一貫しているのは、武豊騎手はエージェントに対して、ドライな態度を貫き通していることだ。

ジョッキーとしてだけではなく、競馬界の顔として長年多くの役割を果たしてきた分、業界に蔓延する黒い影を見分けるセンサーも、人一倍敏感なことだろう。

エージェント交代を進言した人間の大半は、おそらく武豊騎手の活躍を待っているファンではなく、ユタカマネーに群がるハイエナのようなもの。エージェント・システムには複数の問題が潜んでいると認識しながらも、適距離を保ち丁寧につき合い続ける武豊騎手。いまだ競馬界の顔として君臨しているのも納得である。

小原軍団が登場！〝ポスト武豊〟に向け進撃

エージェントと適度な距離を保ってきた武豊騎手の想いを知ってか知らずか、21世紀に入り栗東で一大勢力へ急成長し大暴れしたのが、競馬ブックの小原靖博TM（現在は退社して専任）が率いる小原軍団だ。

この軍団の構成員は、福永、岩田、四位騎手が主要メンバー。しかし、2006年にJRAが正式にエージェント制度を認めたときに、ルールとして〝担当騎手は3名+見習い騎手1名まで〝という御達しを出した。よって表立って名前が出せたのはこの3名だけ。

それ以前はもっと多くの騎手を仲介していただろうし、水面下では競馬ブックの同僚を使って、栗東に所属する膨大な数のジョッキーを手中に収めていたといわれている。

ただし、その傘下に武豊騎手は入っていない。先に書いたように、武豊騎手のエージェントは元ホースニュース馬のTM平林氏（現在は退社し専任エージェント）。西の競馬専門紙界を牛耳っている競馬ブックのTMは、なぜエージェントに選ばれなかったのだろうか。

その理由は、1995年の朝日杯3歳S（現FS）における武豊騎手の騎乗（エイシンガイモンで2着）を、翌日発売の週刊競馬ブックが〝早仕掛け〟と批判したことが原因ともいわれている。

そのときの武豊騎手の怒りは凄まじく、競馬ブックの取材は完全にシャットダウンするという事態を引き起こした。結局、競馬ブック側が謝罪をして取材拒否は解かれたが、武豊騎手の心の中には大きなしこりを残すことになっただろう。

いや、しこりを残したのはジョッキー側だけではない。長年に渡って、関西の競馬専門紙界の覇権を握る競馬ブック側でも同様だった。

「オレたち（競馬ブック）を敵に回すとは、すっかり天下を取った気でいやがって……」

ベテランTMの中には、そう吐き出す人間もいただろう。そんな先輩の様子を、当時の小原氏は見ていたのではないだろうか。

06年はエージェント制度が公に認められた年。武豊騎手は05年の212勝から178勝と勝ち星を落としたものの、ディープインパクトと凱旋門賞に遠征するなど、ジョッキーとして脂が乗っている時期だった。

しかし同時に小原軍団も段々と勢力を拡大。エースの岩田騎手が中央に移籍し初年度に126勝を挙げると、若頭格の福永騎手も88勝、四位騎手が64勝と勝ち星を量産。

リーディングジョッキーは武豊騎手とはいえ、平林氏vs小原氏というエージェント対決では、後者が完全にリードしていたのである。

時代は競馬ファンの知らないところで動き始めていた。その頃、四位騎手のバレット（鞍の準備など騎手の世話係）をしていた人間が、小原氏の協力の下、ジョッキーのマネージメント会社Gを立ち上げる。

当時のホームページを見てみると、武豊騎手と一部のジョッキーを除いて栗東所属の大半のジョッキーが所属しており、小原氏の影響力の凄さを物語っている。

しかし、そんな状況に嫌気が差したひとりのジョッキーがいた（実名は伏せるが……）。それは競争社会を目指して、競馬業界に入ってきた人間としては当然の感情。ひとりのエージェントによって格付けされた順位は、自身がどう努力しても変わらない。いい馬に乗らなければ勝負に勝つことができない——競馬では当たり前のことなのだが、それが自由競争を阻害させていた。

彼は小原軍団を離れて、何のしがらみもないエージェントとともに営業活動を開始。しかし、馬の質はみるみる劣化し勝ち星は前年の半分にまで落ち込んだ。騎手を続けるため、生活をするためには、軍団に戻るしかなかった……。

ある日、何事もなかったかのように、Gのホームページに彼の名前が戻っていた。

このように小原軍団は、ある意味〝恐怖政治〟とも取れる手法で栗東を支配下に置く。そして最後の砦だった武豊騎手が落馬事故により、10年以降は勝ち星が激減。関西馬が強い時代ということもあり、ひとりの男（小原氏）がすべて重賞レースの行方を左右しているといわれるまでになった。

そして当時の小原軍団では、福永騎手が11年と13年、12年は当時弱冠24歳だった浜中騎手がリーディングジョッキーとなる。

関東では植木軍団の時代に突入!

小原軍団が勢力を拡大している同時期、東(美浦)でも圧倒的な存在感を誇ったひとりのエージェントがいた。それが日刊競馬の植木靖雄TM(故人)だった。

関東ではすでに、岡部騎手が引退(2005年3月)。岡部ラインの消滅後はカオスの時代だったのだが……。

植木氏も小原氏と同様に藤田伸二(栗東所属でありながら毎週のように関東に遠征していたのは、小原軍団ではなく植木氏とエージェント契約を結んでいたから)、内田博幸、中舘英二、吉田豊、後に三浦皇成などの有力騎手を抱えて〝植木軍団〟を形成していた。

また、西の小原氏とも提携を結んでおり、互いに遠征した際に騎乗者がスムーズに決まるよう取り決めもされていた。騎手として成功するには、両巨頭の輪の中に入り、ひとつでも上の格付けを得る。そんな時代に変わっていったのだ。

ちなみに植木軍団に藤田伸二騎手(2015年引退)が加入したことは、騎手たちにとっては大事件だったという。というのも藤田騎手は「馬にも乗ったことない奴が、『いい馬だから乗ってみろよ』といいながら近づいてくる、ペテン師みたいな奴が馬社会には多すぎる。大嫌いだ」

と、トレセン内でも公言していたからだ。

15年の引退時にも「エージェントにより年頭から騎手の勝ち星が決められている世界の何が面白いのだろうか？」と競馬界に疑問を呈して去っていることから、そもそもエージェント制度に好意的な人間ではなかった。

しかし、植木氏は彼を見事に取り込んだ。12年に病気により植木氏は他界しており、どんな人間なのか肌で感じることができないが、このエピソードだけでも営業のうまさ、人当たりのよさはズバ抜けていたことが想像できる。なお、小原、植木両巨頭の東西連携のエピソードについては3章に詳述している。

ルメデム時代の到来と小原軍団の衰退

2010年代前半の小原軍団の勢いは凄まじかった。しかし後半に入り、その勢いに陰りを生じさせる出来事が2つ起こった。

第一は、ルメール、デムーロ騎手といった外国人ジョッキーの通年免許取得である。

先に書いたように、栗東では競馬ブックは〝圧倒的な力を持つ専門紙（誌）〟という認識をされており、そこで働くＴＭも自分たちは選ばれた記者だという自覚がある。

それなのに２人が、エージェントに選んだのは競馬ニホンの豊沢信夫氏だった。

両外国人騎手の勝ち星の合計は、短期免許で騎乗していた14年が29勝。それが通年になると、15年２３０勝、16年３１８勝と大きく膨れ上がった。

そのすべてが小原軍団に集まっていた勝ち鞍とはいえないが、軍団の騎手の成績に大きな影響を及ぼしたのは間違いないだろう。


少し話が逸れるが、以前ＪＲＡでエージェントをしており、今は地方競馬のエージェントとして活動している人間に、ＪＲＡと地方での違いを聞いてみたことがある。

「一番の違いは僕らの馬の選び方ですね。地方で騎乗馬を選ぶときは、競走馬個体でしか基本考えません。レースをＶＴＲで見て、調教から体調を判断します。それで上位に来る馬を選べばいいんです。

しかしＪＲＡで馬を選ぶ基準は、その馬がどの厩舎にいて、その厩舎のＯＰ馬が何なのかを把握することが大事。

地方の下級条件と重賞では、（ＪＲＡと比べて）そこまで大きく賞金は変わりませんが、中

2015年、通年免許を取得した外国人騎手の登場で、エージェント界は激震に見舞われる（写真は同年夏の中京でＪＲＡ400勝を達成したデムーロ騎手）。

央の未勝利戦とＧＩでは雲泥の違い。

そういう意味では、ここってときに勝負馬に乗せてもらえるように、普段のレースは勝つチャンスがないと感じたときでも、厩舎への恩を売っておくという意味で騎乗依頼を受けることがあります」

近年、ＧＩの有力馬といえば外国人ジョッキーから騎乗馬が決まっていくのが通例。そのことからも、普段から厩舎及び牧場に対して、小原軍団の影響力が落ちていることがわかる。

平場が獲れない、重賞も獲れない、ＧＩも獲れない……そんな負の連鎖から、勝ち星が減っていったのである。

ただ、外国人騎手の件に関しては小原氏に少し光が戻り始めた。それはデムーロ騎手のエージェントが16年後半以降、豊沢氏から競馬ブックの同僚である井上政行氏に変わったからだ。

そのことに関しては、第3章で詳しく記述するが、豊沢氏にやられっぱなしだった小原氏にとっては、胸のすくような移籍話だっただろう。

今や誰かのエージェントをすることとは、TMにとって収入を左右する話でもあり、同時に競馬界での立ち位置を決定付ける大事な要素。ある意味、競馬ブックvs競馬ニホンの代理戦争まで発展することなのだ（しかし競馬ニホンが、この4月で休刊。この戦いは次なるステージへと動くことだろう）。

そして、第二が小原軍団陥落の大きな要因となった事件。15年に起きた、ネット上では〝小原事件〟と呼ばれている話だ。

当時はまだエージェントに関しては制度が確立されておらず、JRAはファンから寄せられる疑問に頭を悩ませていた。その問い合わせの多くは、競馬新聞上で印を打っているTMが、騎乗馬を選んでレースを組み立てているのは公正競馬に反するのではないかという声だ。

その代表例をひとつ挙げよう。競馬番組にレギュラー出演をし、ファンから馴染みの深いM氏が、自身がエージェントをしている馬に本命をつけたところ17着と惨敗。

その後、騎乗していたジョッキーがツイッターで「ノド鳴りを発症しており本調子でなかった」とツイートしたことで、Mが負けるのがわかっていた馬に本命を打って、ファンを誘導したという声が数多くJRAに寄せられたという事案があった。

そのためJRAとしては、正確に誰がエージェントを担当しているのかを把握しなければいけならず、そのこと（登録制）に関しては各TMに厳しく通達されていた。

しかし天狗という表現が正しいかわからないが、小原氏は地方からスポット参戦してきた、エージェント登録していない騎手にも騎乗馬を斡旋。その一件が、JRAに許されない事態と判断され3カ月の謹慎処分が下された。

現役エージェントの某氏はこう語る。

「私も17年にJRAから戒告処分を受けました。そのときの理由は私の確認不足で、担当騎手が急遽乗り替わりになってしまったことなのですが、それでもJRAは調教師、騎手、そして私の三者によるコミュニケーション不足として、全員に戒告処分を下した。

すなわち、めったなことでは小原さんのように謹慎処分なんて下さないですよ。だってTMはJRAの所属じゃないですからね。調教師や騎手と違って、外部の出入り業者なんです。

そこに踏み込んだということは、これからエージェントはJRAの監視下に置きますよという、業界全体へのメッセージ。その見せしめとして、一番派手にやってきた小原さんがヤリ玉に上がったのでしょう」

JRAによるエージェント制度の確立は道半ば…

2015年の小原事件を機にできたのが、『担当できるのは騎手3名と見習い騎手1名』という制限。ただ、それではますます親しいエージェント同士が結束を固めて、多くの騎手による軍団が乱立しかねない状況になってしまった。

そこで17年の1月にJRAは、さらに大ナタとも呼べるエージェント改革案を、騎手を集めて提案した。それが次の2項目だ。

1・兼業エージェントを廃止し、これからはトラックマン（TM）ではなく専業のエージェントだけを許可する。

2・（現行の）兼業エージェントに関しては、1人あたり1名しか担当してはいけない。

2に関していうと、専業エージェントは複数管理できるのに、兼業エージェントはひとりという差をつけたわけだ。

雇う側（騎手）からすれば「お手馬がキープできるうえに、別の騎手に回ってきた馬に代わりに乗れる」というメリットからして、専任エージェントへと傾いていくのは自然な流れ。これは露骨に兼業エージェントを排除しなかったものの、いなくなったほうがいいという方針と思っていいだろう。

この通達により、関東では横山典、蛯名騎手といったベテランが、今までのエージェントと契約を結ばず活動することを発表。それに続く形で、田中勝、丸田騎手のコンビが馬三郎の澤田裕貴氏から専任エージェントへと契約を改めている。

このように関東ではJRAの通達に従う者が多かったが、関西では反発する人間が多かった。一番その声が大きかったのが小原軍団の番頭格の、ある騎手だといわれている。ファンの大半が思っていることだと思うが、某騎手は実績のわりに、よい馬に乗っているイメージは否定できない。本人にも自覚はあるらしく「エージェントがいないと自分はやっていけない」と、堂々と白旗を上げたそうだ。

競馬ファンからすれば情けない話にも聞こえるが、JRAも少し結論を急ぎすぎた部分がある。専任エージェントを増やすのはいいが、その収入、生活が確保できるのかという問題が未解決なままだったのだ。

ちなみに、アメリカでは賞金の配分に、騎手7％でエージェント3％と決められている。早い話、主催者からエージェントに振り込みがあるのに対し、日本ではエージェントは騎手が雇った個人の契約によるものなので、エージェントに金銭を支払うのはジョッキー個人。調教師や騎手と同じように、エージェントの立場を認めずにＪＲＡは運営しようとしたことに無理があった。

そして17年秋に発表されたエージェント制度改革の見直し案。


1・エージェントは馬券を買ってはいけない。

2・馬主、それに雇用されている者はエージェントになることを禁止する。

3・エージェントの役割を「騎乗の受付」から「騎手は騎乗の依頼から承諾、契約までを行なわせることができる」に変更。


まず1に関しては、ファンからの一番の苦情だった「騎乗馬の質、状態がわかる人間が馬券を買うことは公正競馬といえない」という問題を解消する、エージェント制度改革の本丸というべき部分。

それに調べてみると不思議なことに、前回の規制で登場した専任エージェントは馬券を買うことが禁止されている。そのダブルスタンダードを解消するためにも、ここは絶対に通さなくてはいけない問題だった。

ただ競馬に関わる大半の人間が、その年の初めに出した改革案から、大きくトーンダウンしたと感じたに違いない。

なぜなら兼業エージェントの「担当騎手はひとり」という人数制限はなくなり、「担当騎手3人＋若手騎手ひとり」という現行のシステムそのままになったからだ。何に忖度したのかは不明だが、エージェントの規制という点では後退した感は拭えない。

「これはあくまで保留案。今年の終わりか来年の初めに、また改革案が発表されるだろう。JRAの最終目標はエージェント制度の廃止。それが厳しいようならば、専任エージェントのみになること。反発している兼業エージェントと騎手をどのように黙らせるか。そういう考え方で間違いないと思うよ」

こんな声も一部関係者からは飛び出したが、さてどうなるのか……。

この1章ではエージェントの歴史について振り返ったが、この歴史も1年もすれば大きく上書きされるもの。

日本の騎手エージェント制は、まったく確立されることなくグレーなまま時間だけが過ぎていっている。

第2章

〝彼ら〟が牛耳るジョッキーの世界【関東編】

なぜ中村軍団が関東最強なのか——真相に肉薄！

現在の関東のエージェント事情を語るときに、まず一番に名前が浮かんでくるのが、関東リーディング上位の戸崎、内田騎手を担当している中村剛士氏だ（２０１７年末から藤田菜七子騎手も担当）。

彼の特長としては、唯一ＴＭ（元を含む）ではない専業エージェントで成功している人間。年収は数千万円とも噂されている。

競馬界でのキャリアスタートは、笠松競馬のジョッキーだった。まったくといっていいほどに活躍できなかったが、そんな人間がやがて中央競馬のエージェントという形でこれだけの成功を収めるとは、本人だけでなく周囲も誰ひとり思っていなかっただろう。

笠松競馬のジョッキーで３０００万円を稼ぐなんて、トップのほんのひと握り。辞めて成功という言葉が、これほど似合う人はいない。

そんな中村氏がエージェントになった理由。それはセカンドキャリアで、内田騎手に近い位置にいたからである。彼は大井競馬の厩舎スタッフとして働き始めたのだ。

当時の大井では、育成場で乗っていた元スタッフや元地方騎手を「緑帽」と呼び、積極的に雇用を促していた。現在、大井で活躍する藤田輝信調教師や森下淳平調教師も、この緑帽出身者である（現在この制度は廃止）。

中村氏もそのひとりだったのだが、当時を知る人間に話を聞いたところ、「笠松で活躍できなかったこともあって、目標を失っていたように思います。南関東で騎手を目指すとか考えていなかったでしょうし……。なんとなくこのまま助手とかになるのかな～と考えてはいたと思いますが、それほど印象には残っていませんね」と話す。

しかし中村氏が幸運だったのは、働いていた厩舎に内田騎手が所属していたこと。内田騎手は08年中央に移籍すると、彼を最初にバレットとして雇い始めたのだ。

当時の内田騎手のエージェントといえば、日刊競馬の植木靖雄氏。エージェントに否定的だった（なぜか引退時に再び否定派へと戻った）藤田伸二騎手を口説き落とし関東で活躍させたり、中央移籍3年目の内田騎手にダービーを勝たせるなど、早くにして病気で亡くなった伝説のエージェントだ。

そんな男の仕事っぷりを、バレットという近い位置で見ていたのも、今日の成功につながったのだろう。

そんな中村氏のエージェントとしての手腕は、とにかく優秀だ。「社会の常識、競馬界の非常識」といわれるように、一般社会とはかけ離れた部分がある競馬界。1章では競馬記者（ＴＭ）は、ＪＲＡに雇われているわけでなくトレセンに出入りしているだけの業者と書いたが、頭の中はドンドンとトレセン仕様へと変化していく。

そんな中、中村氏は元ジョッキーとは思えないクレバーな戦略を練って、ひとり勝ちといわれる状況まで持っていったのだ。

その象徴となるのが、17年12月から藤田菜七子騎手を担当したことだ。

戸崎、内田というリーディングトップクラスの騎手を2人抱え、有力厩舎からの信頼も高く短期免許時にはムーア騎手も担当するという無双状態の中村氏。一般的に見ると、乗れるようになってきたとはいえ、菜七子騎手を担当するメリットは薄いような気がするだろう。

実際、多くのTMからもそのような声が聞かれた。しかし、ここが考えの幅が狭い兼業エージェントと敏腕エージェントとの差らしい。中村氏が常日頃から不安を感じていたのは、自分のグループに勝ち星が集中することで起きる、業界特有の妬み嫉みの類ではないか。

内田騎手が連れてきたとはいえ、自分は地方から出てきた余所者。地方出身騎手を担当するのは周囲が我慢してくれたとしても、ムーア騎手という世界の一流ジョッキーをエージェントし、収入を増加させることに苛立っている人間は多いと推測したのだろう。

それに短期外国人ジョッキーを任されるということは、社台グループから厚い信頼を得ているのと同じ。

「笠松で活躍できなかったジョッキー上がりが、社台グループのお抱えエージェントに」――これは、本人の努力があっての立派なサクセスストーリーなのだが、下位の騎手を抱えてなかなか結果が出てないエージェントからすると、気分のいいものではなかったはずだ。

そんなトレセン内の感情やムードを中和するために菜七子騎手を担当した……こう考えるのは穿ちすぎだろうか。

藤田菜七子騎手といえば、JRAが今、一番売り出したいジョッキー。「中村氏は自分の利益を独占するだけでなく、競馬界全体の盛り上がりを考えているエージェント」と少しでも思ってもらえれば、この担当を受ける価値は大いにあったのではないか。

実際に戸崎、内田騎手の主戦場は本場なので、乗り馬が第3場（裏開催のローカル）の出走が決まると、手から離れてしまう状態が続いていた。なので、若手騎手をひとり確保したかったのだが、普段は戸崎、内田騎手への騎乗を希望する馬主、調教師だけに、微妙なポジションの若手騎手だとなかなか納得してもらえない。それが……。

「菜七子ちゃんか。彼女なら仕方ないわ（笑）。今回はお願いするよ」

ある意味、力で足りない部分はネームバリューでフォローする。相手の心をくすぐって営業できるのが、中村氏の頭のよいところ。「〇〇なら勝てます」と、ただお願いして頭を下げるエージェントとの差である。

事実、本場で他の騎手が見せ場をつくれなかった馬が、ローカル開催の菜七子騎手で浮上のキッカケをつかんだという例もある。

近走では18年4月8日福島5Rの未勝利戦がそれ。このレースは菜七子騎手の18年の5勝目となったのだが、騎乗して勝ったマルーンエンブレムは、父オルフェーヴルに母は秋華賞馬ブラックエンブレムという、ノーザンF生産の中でもかなり力の入っていた1頭だった。

シルクR所有馬ということで、クラブの会員からも〝エージェント中村〟の名は強く刻まれたことだろう。

このように中村氏にとっても自分のイメージが上がる、菜七子騎手にとっても騎乗馬の質が上がる。双方にとっても、この契約はウインウインだったろう。

「JRAが目指しているのは、この中村さんのようなエージェントが増えることなんです。19年には兼任エージェントは排除し、専任エージェントだけにしたいのがJRAの考え。騎手会がそんなの無理だといったところで『中村さんは成功しているだろ』といえば、黙らせることができる。

実際、中村さんの仕事っぷりを見ると、兼業エージェントとは全然動きが違うんですよ。調教を見に来ても、週刊誌を片手に調教師におべんちゃらをいってるのが兼任エージェント。それに引き換え、中村さんはほとんどコースに背を向けています。スマホでデータを検索しなが

2018年最初のＧＩフェブラリーＳも中村軍団の手に。ノンコノユメで勝ち表彰台に上がった内田騎手。

ら、ずっと電話をしているんですよ。

もちろん、それだけ忙しいから仕事っぷりが目につくのですが、エージェントでしか食い扶持がないから、見ていて必死さが伝わってきます。マメに顔を出しますし、戸崎、内田騎手があれだけ勝てるのも納得です」

話は逸れるが、17年の池添騎手も栗東でＴＭではないエージェントを使っていた。

「池添騎手は一見、何を考えているかわからない感じですが、競馬には熱いものを持っています。飲む席などで〝競馬がダメになる〟と繰り返すため、栗東では少し浮いた存在になっていましたね。

そのダメになると思っているひとつが、特定のエージェントに依頼が集中するという現状。それをある意味、くつがえすためでしょうか、競馬のことをまったく知らないエージェントを付けたのです。

その人はスポーツトレーナーとかで、池添騎手もアスリート志向の強い人間。自分が成功したら競馬界の潮目が変わると勝負に出たようですが……」

結果はさっぱり機能せずに、17年は散々な成績。専業エージェントがすべてよいというわけでなく、やはり熱意と知識が必要だということが、この一例からもわかる。

中村氏と近しい人間が聞いた話だと、勝ち星自体は戸崎騎手のほうが内田騎手より断然多いが、芝は「戸崎＞内田」で、ダートは「内田＞戸崎」のイメージで振り分けているようで、理想は2人の勝ち星が高い数値で並ぶことらしい。

17年のGⅠ勝利も、フェブラリーSがノンコノユメ（内田）で、皐月賞がエポカドーロ（戸崎）と、中村氏の希望通りに運んでいる印象。ここに、ローカル重賞の勝利ジョッキー欄に藤田菜七子騎手の名前が刻まれたとき、中村剛士氏のサクセスストーリーは完結するのだ（中村軍団の馬券活用法は4章参照）。

次の次は三浦騎手の時代？武山軍団の切り札を探る

エージェントの話から少し離れてしまうが、日本の競馬にとって今後大きな問題となってきそうなのが、ジョッキーの高齢化だ。

特に地方出身や外国人ジョッキーは、年齢を重ねてからJRAに移籍してきており、ファンもこの問題に気がつきにくい。2017年のリーディング上位騎手の年齢は次の通り（年齢は2018年4月末時点。35歳以上は太字）。

- **C・ルメール** 1979年5月20日生まれ…**39歳**
- **戸崎圭太** 1980年7月8日生まれ…**37歳**
- **M・デムーロ** 1979年1月11日生まれ…**39歳**
- **福永祐一** 1976年12月9日生まれ…**41歳**
- **和田竜二** 1977年6月23日生まれ…**40歳**
- **川田将雅** 1985年10月15日生まれ…32歳
- **内田博幸** 1970年7月26日生まれ…**47歳**
- **田辺裕信** 1984年2月12日生まれ…34歳
- **岩田康誠** 1974年3月12日生まれ…**44歳**
- **武豊** 1969年3月15日生まれ…**49歳**

さすがに武豊騎手の年齢を見れば、ジョッキーとしては高齢だと感じる人が大半だろう。しかし世界的には、ジョッキーのピークといえば33歳といわれており、川田、田辺騎手以外は、大幅にオーバーしている状況。

両外国人騎手も地方出身騎手も、10年後はおそらく乗っていない可能性が高い。だからといって、20勝ルールが撤廃された影響で、地方からの移籍も容易ではなくなった。新たな外国人ジョッキーも、候補者は各々に問題を抱えており、ルメール、デムーロ騎手に続く第3の通年免許取得者は現時点では、見通しが立っていない。

将来的にはきっと川田、田辺騎手あたりがリーディングトップに君臨しているだろうが、そこを見越して、その2人の下にあたる〝第2集団〟をつくり上げようとしているのがデイリー馬三郎の武山修司氏だ。

武山氏が担当しているのは、

・三浦皇成　1989年12月19日生まれ　28歳
・吉田隼人　1983年12月20日生まれ　33歳

といった、本来もっと上位に入らなければいけない中堅ジョッキー（他にベテランの江田照騎手、若手の木幡育騎手も担当している)。

特に三浦騎手に関しては、武豊騎手の新人年間勝利数の記録を大きく更新するなど華々しいデビューを飾った才能の持ち主だっただけに、16年夏の落馬による大怪我(約1年の欠場を経て17年夏復帰)からだけではなく、本当の意味での復活を大きく期待されている。

そんな三浦騎手が伸び悩んでいた原因のひとつは、コロコロとエージェントが代わるからというのが、競馬界での一般的な意見。それについて、美浦のTMはこう分析する。

「皇成のよいところでもあり、悪いところでのあるのですが、エージェント以上につき合いがうまく人当たりがいいんです。エージェントなんてなくて、本人の営業力がモノをいう世界だったら、彼は間違いなくリーディング上位に居座り続けていたでしょう。

だから逆に、エージェントにとっては、あまり可愛くない存在なのかも。自分が努力して営業してきた馬よりも、能力上位の馬を直接、彼が持ってくるのですから。それに、本人がそのことを自覚しているのも問題ですよね。なんていっても笑顔で、現役グラビアアイドルを落として結婚まで持っていっているのでね(笑)」

しかし年齢とともに丸くなるというか、大怪我を境に三浦騎手は考え方を改めたようだ。調教師には「武山さんに任せていますから」と言葉少なく対応し、騎乗前は自分の世界に入り込み、レースに集中する環境づくりを心がけているという。

2017年夏の復帰以降、人気に加えＧＩ戦線でも存在感が増しつつある三浦騎手。

悲願の中央ＧＩ制覇は成し遂げていないが、18年に入ってフェブラリーSの2着インカンテーション、高松宮記念の3着ナックビーナス、天皇賞春の3着クリンチャーと、あと一歩で手が届くところにまでやってきた。

三浦騎手は以前、石橋騎手や津村騎手のエージェントである森山大地氏（元ダービーニュース）にエージェントを依頼していた。しかし、怪我をしている間に石川騎手が、見習い騎手でなくなってしまい、「騎手３人＋若手ひとり」という枠で収まり切れず、三浦騎手が弾かれる形となってしまったもよう。

リハビリ中の彼にとっては、心中穏やかでなかったとは思うが、18年前半の活躍を見ると結果オーライ。勝負事の勢いは大事で、後半戦にもますます期待が持てそうだ。特に好成績の馬主を挙げたので、平場から条件戦まで注意しておきたい。

●三浦騎手×馬主別成績（上位5、17年夏の復帰以降）

・ロードHC【3—8—6—31】
勝率6・3％　連対率22・9％　複勝率35・4％

・吉田照哉氏【3—3—0—5】
勝率27・3％　連対率54・5％　複勝率54・5％

・キャロットF【3—0—0—8】
勝率27・3％　連対率27・3％　複勝率27・3％

・了徳寺健二氏【2—2—1—11】
勝率12・5％　連対率25・0％　複勝率31・3％

・ディアレストC【2—1—1—4】
勝率25・0％　連対率37・5％　複勝率50・0％

武山軍団の大きな強みとして、同じデイリー馬三郎所属の安里真一氏（関西）と連携していることが挙げられる。

彼が主に担当しているのが藤岡兄弟。年齢的にも本来主役にならなければならない藤岡佑介騎手と、ローカル開催では常にリーディング争いをする藤岡康太騎手を担当しており、字面だけでも安定している印象を持つ。

藤岡佑騎手（関西本場）、吉田隼、藤岡康（ローカル開催）、三浦（関東本場）という分担によって、一度つかんだ有力馬の手綱は離さないという状況ができたのである。

18年天皇賞春は武豊騎手の騎乗停止で、クリンチャーが突然の乗り替わりとなったが、その舞台裏ではこんなことがあったという。

クリンチャーのそもそもの主戦は藤岡佑騎手。菊花賞2着、京都記念勝利（その前から交代は告げられていたらしいが……）と結果を出したにも関わらず、武豊騎手にお手馬を奪われた形だった

しかし本番前の週で武豊は騎乗停止となり、鞍上は白紙に。どうしても乗りたかっただろうが、日経賞で勝利したガンコに先約が決まっており、それは無理な話……。乗り役だけでなくエージェントの安里氏にとっても、ここは取り返したかったことだろう。

そこで出たウルトラCが、関東だが同じラインに入っている三浦騎手を乗せること。そのことで一度切れかけた前田幸治氏（クリンチャーの馬主）との関係も、交代劇以前よりもさらに深いものとなり、藤岡佑騎手を再びクリンチャーに乗せる可能性も生まれる。そんな思惑が見

2018年4月29日京都11R天皇賞春。武豊騎手の騎乗停止で宙に浮いたクリンチャーの鞍上が三浦騎手に決まるまでの舞台裏では……。

8 青
ディープスカイ(中)
クリンチャー
ザフェイツ(マ)
鹿毛
58 牡4
(美)三浦
(栗)宮本
6800
16,400
前田幸治
(新)平山牧場
…注…
…△…
…◎…
…△…
…注…
…△…
中 ④
東 ⑬
阪 ③
三 ⑨
3

4京 10月22日
7 菊花 2
GⅠ 4 18頭
三外 3192
57 藤岡佑
H ⑪⑦②
482 人気10
漸進伸 2身
400 中 402
キセキ
3189 0.3

2京 2月11日
⑥ 京都記念 1
GⅡ 4 10頭
三外 2163
55 藤岡佑
S ③②④
486 人気 4
好位抜出 1身
380 中 361
アルアイン
2165 0.2

1阪 3月18日
⑧ 阪神大賞 3
GⅡ 8 11頭
三内 3040
56 武豊
M ④③3
486 人気1
好位粘る 2 3/4
361 中 366
レインボーライ
3036 0.4

え隠れするのだ。

結果、クリンチャーの3着は、勝利こそ逃したが三浦騎手としては、代打としての仕事を見事に果たしたといえそうだ。

天皇賞春後、クリンチャーの陣営は武豊騎手で凱旋門賞挑戦をほのめしているが、その後に国内で藤岡佑騎手が乗ることがあるとすれば、武山―安里エージェントラインと三浦騎手による影のファインプレーが功を奏したということだろう。

〝無所属〟横山典、蛯名、大野騎手の明暗

2017年1月、JRAが兼業エージェントを厳しく制限する改革案を出したのは先述の通りだが、この流れに大きく反応した騎手が3人いる。

まずは横山典、蛯名騎手という競馬界を代表するベテランジョッキーだ。2人は同年3月に

エージェント契約をそれぞれ解除。エージェントを持たない騎手として活動を始めた。美浦のTMによると、

「横山典騎手は以前から口グセのように『SとFは馬を見る目がないから、どれも型通りでつまらない競馬しかできない』と話していました。その2人がJRAのエージェント改革に難色を示したのを聞いて、大笑いしていましたね。

だからこそ、俺はエージェントなんて付いていなくてもやっていけるということを証明したかったんではないでしょうか。実際、エージェントがいるときも権利はほとんど与えずに、大半の事柄を自分で判断していました。

岡部ラインのひとりだった人間ですから、エージェント・システムを否定することはできないでしょうが、この制度によって『強い馬・弱い馬』という、通り一辺倒な評価しかできないジョッキーが増えたのは事実。

クセのある乗り方が競馬ファンの間では話題になっている横山典騎手ですが、馬の個性をつかむ技術は現役ナンバー1で間違いないですからね。エージェント抜きでも、あまり影響はないと思います」

事実、17年は45勝と、16年54勝より9つ勝利数は落としたが、アエロリットで久しぶりにGIを制覇。同年代の騎手とシノギを削るというよりは、息子たちによい馬を回してほしいとい

2017年ＮＨＫマイルＣを義弟・菊沢厩舎のアエロリットで制した横山典騎手。関東の競馬サークルで独立独歩の道を歩む。

う気持ちで最近は乗っており、エージェントを外したのはその考えによるものだろう（長男・横山和生騎手のエージェントは以前、父親も担当していた研究ニュースの永楽裕樹氏）。

エージェントが同じではなくなったが、当然親子の絆は堅く、この2者による乗り替わりは今後もチェックしたいところだ。

●横山和騎手→横山典騎手への乗り替わり成績（２０１７年１月〜18年４月29日）
【３—０—１—４】勝率37・５%
連対率37・５%　複勝率50・０%
単勝回収率２４０%　複勝回収率１０３%

ベテラン騎手の場合は、当然、エージェン

ト自体が存在しなかった時代も知っている。「エージェントが付いていたから、自分の勝ち星は伸びなかったのではないか」――逆にそう考える人間がいても不思議ではない。

蛯名騎手の場合もそうだったのかは不明だが……結論を先に書いてしまうと、この決断は失敗だったように思える。

14年から107勝→87勝→62勝と成績は右肩下がりだったものの、エージェントを解約した17年は34勝まで激減。18年もここまで17年を下回るペースだ（4月末で11勝）。

結局、エージェントを自分でやるということは、それだけ営業力、人望がないと務まらない。そこの判断ミスが、最近の低迷を招いているのではないだろうか。


一方、エージェント契約を解除して大きく飛躍した中堅騎手がいる。それが大野騎手だ。

「トレセン内は男社会というけれど、一般社会以上に女々しい人間が集まっている場所でもあるんです。

人気ジョッキーを抱えているエージェントは、勝つためには仕方ないだろうが、リーディング上位のトレーナーとベッタリで、下位の厩舎とは深いつき合いをしてくれない。でも、そういう厩舎にも期待馬がいるわけで、できれば同じ騎手に続けて乗ってほしい。

そこで中堅の大野騎手が一番頼みやすい存在となりハマったんです。話すとくだけたところが出るジョッキーですが、仕事に関しては本当にマジメで、中堅ジョッキーになっても調教は欠かさず出てきますし、遅くまでトレセンに残って数多くの攻め馬を引き受けています。

昔気質の人はエージェントよりも、直接ジョッキーとの時間を多く持ちたいと考えていますからね。彼はエージェントから離れて大成功したと思いますよ」(先のTM)

大野騎手は16年から17年にかけては微増で終わったが、18年はここまでキャリアハイ更新のスピードで勝ち星を量産している（4月末で関東7位、21勝）。彼と密接な関係にあり馬券的にもチェックしておきたい馬主を挙げると……。

●大野騎手で勝ち星を挙げている主な馬主（17年1月〜18年4月29日）

・ノルマンディーTC【8―5―2―14】
勝率23・5％　連対率38・2％　複勝率44・1％

・岡田牧雄氏【5―3―3―38】
勝率10・2％　連対率16・3％　複勝率22・4％

・窪田康志氏【5―3―3―15】
勝率19・2％　連対率30・8％　複勝率42・3％

・西山茂行氏【3―3―5―28】

勝率7・7％　連対率15・4％　複勝率28・2％

・吉田千津氏（社台オーナーズ）【3－1－2－7】

勝率23・1％　連対率30・8％　複勝率46・2％

ノルマンディーTCは、岡田牧雄氏が主宰する一口クラブなので、岡田氏の意向が働いていると見ていいだろう。

大野騎手のような存在が、エージェント問題解消に動くJRAにとってはありがたい話。積極的に促すことは組織として出すぎた行為として難しいが、騎乗技術の高さは昔から定評のあったジョッキーだけに歯車が回り始めた大野騎手の勢いは、しばらく止まらないだろう。

大野騎手と似たような感じで、ひと足先に成功している田辺騎手についても触れておこう。同騎手も、一度乗せてもらえるなら続けて乗ることを大きな営業戦略と考えており、弱小厩舎にとっては強い味方になっている。

田辺騎手のエージェントは優馬のTMである坂倉和智氏。田辺騎手はとにかく坂倉氏に惚れ込んでいるし、坂倉氏も田辺騎手の技術、人柄にぞっこんらしい。シビアな人間関係が大半を占めるトレセン内において、非常に珍しいコンビといえるだろう。

また、2人とも義理堅く人間性も高いと評価されている。そのうち武豊騎手とエージェントの平林氏のように、いずれは坂倉氏に専任になってほしいと田辺騎手は考えているようだし、そう遠くない将来に実現しても不思議はない。

石橋騎手の活躍の陰に2大勢力のバックアップあり

関東で近年、勝ち星を着実に増やしている騎手といえば、石橋脩騎手を思い浮かべる人も多いだろう。

石橋騎手は、2012年に天皇賞春をビートブラックで制し一躍脚光を浴びたものの、年間勝ち星は30～40勝あたりに停滞し続けていた。

しかし、17年には自身のキャリアハイとなる67勝をマーク。関東の中堅騎手として、しっかりと地位を築きつつある状況だ。18年も4月までで25勝を挙げ、関東リーディング4位と活躍している。

石橋騎手といえば、堀厩舎との関係がポイント。外国人騎手の起用が目立つ厩舎でありながら、日本人では最も乗せてもらえている騎手である。17年以降だと騎乗数は断トツ1位で、勝利数もデムーロ騎手に次ぐ2位だ。石橋騎手の全勝ち鞍586勝（18年4月29日まで）のうち、最多の65勝が堀厩舎の馬がもたらしたものである。

なぜ、そこまで堀調教師は石橋騎手を買っているのだろうか？

堀厩舎といえばスタッフに厳しく、念入りに馬をケアすることで、実績を挙げてきた。石橋騎手はそういったトレーナーの意図をくみ取り、調教だけでなくこまめに厩舎へと顔を出している。よって、調教師だけでなく厩舎スタッフからも信頼が厚い。「どうせなら外国人でなく、すべて脩に乗ってもらいたい」。そんな声も漏れてくる。

そんな石橋騎手と堀厩舎の関係で、競馬ファンが真っ先に思い浮かべるのが、15年の共同通信杯で2着に入ったドゥラメンテのレースだろう。同馬はこの後、皐月賞に直行。デムーロ騎手で同レースを制し、その後ダービー勝利と二冠を制した名馬である。

父キングカメハメハ、母アドマイヤグルーヴ（母父ディープインパクト）という血統背景も素晴らしく、陣営から常に大きな期待をかけられていただろう。

そんな同馬の大事な重賞初挑戦の舞台に、リーディングの下位だった石橋騎手が跨っていたのだから、競馬ファンがザワついたのも当然のこと。そして出た結果は2着。

その後の活躍を見れば、同馬で勝ち切れなかったことを「やっぱりダメだ」と見るファンもいるだろうし、結果ギリギリとなったが皐月賞出走に足りるだけの賞金を稼げたのだから合格点というファンもいるだろう。

これが縁なのか、石橋騎手とサンデーRのコンビで、後に1頭のGIホースが誕生する。それが17年の最優秀2歳牝馬、松永幹厩舎のラッキーライラックだ。

●石橋騎手×サンデーRの年度別成績
・15年【1―1―1―10】勝率7・7% 連対率15・4% 複勝率23・1%
・16年【1―3―3―11】勝率5・6% 連対率22・2% 複勝率38・9%
・17年【10―1―4―17】勝率31・3% 連対率34・4% 複勝率46・9%
・18年【7―1―0―10】勝率38・9% 連対率44・4% 複勝率44・4%

この年度別成績を見てもわかるように、ラッキーライラックはサンデーRから突然プレゼントされた天使ではない。年数をかけて信頼関係を築き、ようやくたどり着いた宝物なのだ。

その信頼は、サンデーR陣営だけでなく、クラブ会員にも届いているように思える。そう感じさせたのが、先日行なわれた桜花賞。ラッキーライラックは断然の1番人気に支持されたのだが、アーモンドアイの強襲に遭って2着に敗れた。

しかし、会員から外国人騎手への乗り替わりを希望する声は皆無だったという。むしろツイッ

2017年12月の阪神ＪＦを制した石橋騎手とラッキーライラックのコンビ。所有するサンデーＲの信頼度もアップ、同騎手にとっては実に価値ある勝利だった。

ター上には〝引き続き石橋脩を乗せよう〟というハッシュタグが誕生したというのだから、彼の未来は明るいといえよう。

順風満帆な石橋騎手を担当しているのが、元ダービーニュースで今は専業エージェントとして活動している森山大地氏。

17年に勝ち星が一気に増えたのも、森山氏が三浦騎手のエージェントを退任したことと、同じく契約していた石川騎手が怪我により長期離脱したことで、石橋騎手に騎乗馬が集まったおかげでもある。

ただ、森山氏と石橋騎手のお得意先の堀厩舎の関係は微妙であるという。

「堀厩舎はローテーションに関しても、かなり慎重な厩舎で番組表を見て、じっくり

と吟味する。森山氏はよくいえば軽さが魅力なのだが、多少のギャップがあるみたい」（美浦の某TM）

堀厩舎については、先に挙げた石橋騎手の個人的努力が功を奏して信頼を得ているようだ。森山軍団の中でも乗り馬に恵まれるポジションにあり、関東で腕利きの堀厩舎のバックアップを受ける石橋騎手。同厩舎とサンデーR（ノーザンF）の馬が回ってきたら要マークだ。

騎手・厩舎・エージェントの三角関係を考察

有力エージェントは厩舎を動かす力も持っている。レーシングマネージャーとして活動している場合も少なくないため、調教師も騎手起用などはエージェントにお任せしてしまうケースが目立つ。

しかし、時には本来の人間関係を飛び越えてしまう部分があるのも確か。前項で登場した石橋騎手のエージェント森山大地氏は、以前、松岡騎手も担当していたが、今では絶縁関係のような形になっている。

この場合、どちらに非があるとかないとかという問題はさておき、エージェント制度を考えるうえでのヒントがある。

相沢調教師、森山氏、松岡騎手の関係性についてだ。相沢師と松岡騎手は故・前田禎元調教師の一門。松岡騎手がデビューした2003年にはすでに相沢師は開業(97年調教師免許取得)していたが、弟弟子にあたるということで非常に可愛がっていた。05年10月に前田師が亡くなると、当時まだ減量騎手だった松岡騎手を所属とし面倒を見る。

松岡騎手は結局05年10月〜12年12月まで相沢厩舎に所属していた。同騎手は18年4月までで783勝を挙げているが、相沢厩舎とのコンビでは56勝。これは手塚厩舎の75勝に続く数字だ。しかし、相沢厩舎とのコンビで挙げた56勝は、よほどのことがない限り数字が増えることはないだろう。松岡騎手と森山氏が袂を分かってしまったからだ。

エージェントを替えただけなのに、なぜ調教師と騎手の縁が切れてしまったのか。それは森山氏がある意味、エージェントとして優秀だったという証明でもある。

相沢厩舎&松岡騎手のコンビはピーク時には年間100鞍近くあり、10勝前後を挙げていた。もちろん、この間に松岡騎手のエージェントを務めていたのは森山氏。彼はかつてインタビューで「05年にダイヤモンドSを松岡騎手がウイングランツで制覇したあたりから親しくなった」と答えていたことがある。前田調教師が亡くなる少し前あたりから、2人の関係性は強まっていたのだ。

しかし、森山氏は松岡騎手だけではなく、津村騎手、11年には石橋騎手も担当することになった。若干の年齢差はあるものの、松岡騎手と津村騎手は03年デビュー、石橋騎手は04年デビューとほぼ同世代の騎手。当然、ライバル意識も強いことだろう。

結局、松岡騎手と森山氏の関係性は壊れてしまったのだが、それを境に松岡騎手と相沢師との縁も疎遠になっていく。

もちろん、このあたりの事情については当事者ではないので、あくまでも周辺取材の結果や騎乗馬のデータなどからしか把握することはできない。

ハッキリしているのは、松岡騎手は14年5月18日にコスモハルカチャンに騎乗したのを最後に、同厩舎の馬に騎乗していないということ。14年は相沢厩舎の馬に2鞍騎乗しているが、二度ともコスモハルカチャンだった。コスモという名前からもわかる通り、同馬はマイネル軍団系の馬（名義上はビッグレッドF）。

これは後述するように、マイネル系の騎手起用は馬主サイドで決めることが大半。相沢師や森山氏に決定権がなく松岡騎手が指名されたのだろう。

結局、08年に１００鞍10勝の厩舎・騎手コンビが、松岡騎手がフリーになった13年には14鞍0勝に、14年には２鞍０勝となってしまったのだ。繰り返しになるが、どちらがいいとか悪いという問題ではなく、エージェントが騎手の命運を変えてしまうことは往々にしてある。

松岡騎手は08年91勝、09年98勝、10年１０９勝、11年53勝、12年58勝という成績を挙げている。

08～10年にかけて関東リーディング上位の成績を収めていたが、11年に入り50勝台まで激減。ちょうど、この時期は石橋騎手が森山氏とエージェント契約をした頃でもあった。松岡騎手の立場になってみれば、「自分がエージェント業務の中心になっていない」と感じても不思議はなかったことだろう。

しかし、森山氏との契約を切った後の成績は寂しいものがあるのも事実。相沢厩舎からフリーになり森山氏と契約を打ち切った13年は36勝、14年41勝、15年33勝、16年35勝、17年37勝、18年は4月までで12勝。年間30～40勝ベースに留まっている。

この間、マイネル軍団系の主戦騎手に柴田大知騎手が迎え入れられたこと、内田騎手や戸崎騎手のJRA移籍などがあったことも大きく影響しているのは間違いないが、森山氏とエージェント契約が切れた影響も大きいはずだ。

というのも、森山氏が担当する津村、石橋騎手はここに来てグンと成績を伸ばしているのだ。先に触れたように、石橋騎手は11年44勝、12年42勝、13年43勝、14年27勝、15年27勝、16年42勝、17年67勝、18年25勝。14年、15年こそやや低迷したものの、17年は67勝とキャリアハイの成績を残している。18年も17年を上回る可能性を残している勝利数だ。

もちろん、石橋騎手が堀厩舎との縁が深まったことというのも、成績向上につながっているとは思うが、ひとつの厩舎で挙げられる勝利数は限りがある。堀厩舎を契機に社台グループ、

特にサンデーRのノーザンF系との縁が深まっていたため、エージェントの森山氏も馬を決めやすい（選択肢が広がった）のは間違いない。

そのエージェント・スタイルは、重賞やお手馬の一部を除いた平場戦は、森山氏に馬選びの決定権があるというもの。選択肢が増えれば、勝てる馬も選びやすいという構図だ。

津村騎手も11～16年は20勝～30勝を挙げていたが、17年は51勝を挙げキャリアハイの成績を残している。18年もここまで14勝と、ほぼ17年並みの成績となりそうだ。

2人とも17年は松岡騎手よりも成績は上。18年は現時点で津村騎手は競っている状況ではあるが、松岡騎手を2勝上回っている。

また、津村騎手は特に相沢厩舎のローカル担当としての地位を築いている。石橋騎手は堀厩舎との縁が深くなってから相沢厩舎の馬への騎乗数は減っているが、津村騎手はローカルを中心に一定程度の騎乗数をキープ。

●津村騎手×相沢厩舎の年度別成績（18年は4月まで）

・15年【3—2—2—31】勝率7・9％　連対率13・2％　複勝率18・4％
・16年【3—1—8—35】勝率6・4％　連対率8・5％　複勝率25・5％
・17年【5—4—3—39】勝率9・8％　連対率17・6％　複勝率23・5％
・18年【1—1—4—19】勝率4・0％　連対率8・0％　複勝率24・0％

18年は勝ち切れていないが、騎乗数はこのままでいくと17年よりも乗鞍は多くなりそうだ。津村騎手はデビュー以来、３９１勝を挙げているが、厩舎別成績で見ると相沢厩舎が42勝でトップ。デビュー時に所属していた鈴木伸厩舎の38勝を超えている。

騎乗はローカル中心だが、ノーザンFやマイネル軍団系のビッグレッドFの馬からも依頼がかかる。最近は関西圏からの社台グループ馬の依頼も増えており、ローカルでは成績を伸ばしやすい位置にいるのは間違いない。

ただ、ノーザンF系やマイネル系は時にエージェントを飛び越える力の強さを持っている。

特にマイネル軍団系は馬主サイドの力が圧倒的だという。そのあたりについても観察してみることにしよう。

マイネル軍団の場合、エージェントのお仕事は?

マイネル軍団というと、どうしても岡田繁幸総帥の姿を思い浮かべることだろう。グリーンチャンネルや競馬場のイベントにもたびたび出演しているからだ。ハッキリとした物言いの岡田節に惹かれているファンも少なくない。

しかし、社台グループ同様、息子世代への世代交代を進めているのは間違いない。マイネル馬(ラフィアン)の社長職にあるのは、長男の紘和氏。2006年3月に岡田繁幸氏の後を継ぐ形で就任している。

また、11年にウインレーシングを買収し、こちらは三男の義広氏が代表に就任している。

2クラブは共通点もあるが、異なる点も結構ある。しかし、騎手起用については、ある程度の方向性が一緒だといっていい。軍団の馬には特定の騎手が起用されることが珍しくないのは、最近、競馬を始めたようなファンでもすぐに気づくだろう。

マイネル軍団は馬主名義として、サラブレッドクラブラフィアン(マイネル)、ウインレーシング（ウイン）、ビッグレッドＦ（コスモ）の３名義が中心。他に岡田繁幸総帥名義や最近ではコスモビューＦ名義の馬も増えている。

マイネル軍団のビジネスモデルを解説する場ではないので詳細は略すが、同軍団と社台グループが大きく違うのは、生産馬はクラブに卸すことがほとんどという点。社台グループは割合でいけば個人馬主が中心だ。クラブは安定した馬の卸先という位置付けである。

しかし、マイネル軍団はビッグレッドＦやコスモＶＦで生産された馬のほとんどが、クラブやオーナーズ（コスモ）で募集されるのだ。生産馬＝軍団の持ち物という構図になり、社台グループ以上にローテーションや騎手起用について口を出しやすい。

そのため、騎手に対する偏りはもの凄い。まずは表を見てほしい。これはラフィアン名義、ウイン名義、ビッグレッドＦ名義における騎手別成績だ（15年1月4日以降〜18年4月29日、コスモＶＦ名義や岡田繁幸氏名義は省略した）。

圧倒的に柴田大騎手が主戦だということがわかるだろう。２番目が丹内騎手。松岡騎手は３番目、津村騎手は４番目といった具合。

柴田大騎手には川島康孝氏（元ダービーニュース）というエージェントがいるものの、おそらく

単回値	複回値
77	76
82	72
104	83
77	98
84	98
57	58
78	98
128	93
110	58
110	68

マイネル軍団からのオーダー調整がメインの仕事だろう。

何せ、柴田大騎手はデータ集計期間内に155勝を挙げているが、その内訳はラフィアン名義69勝、ビッグレッドF名義34勝、ウイン名義8勝、岡田繁幸氏名義3勝と合計114勝に達する。実に勝ち星の70%が同軍団によるもの。

こうなってくるとエージェントの業務は、マイネル馬の整理といっていい。あとはマイネル軍団の馬が出走しないレースで、乗れそうな馬をキープすることくらいしかできないだろう。

とある若手調教師は、マイネル軍団の〝シバリ〟のきつさはノーザンF以上だともいう。

「ノーザンF系もローテーションから騎手起用まで細かく指示されますが、ただ、要望を受け入れてもらえることもあります。サンデーRなどのク

●マイネル軍団の起用騎手成績

順位	騎手	着別度数	勝率	連対率	複勝率
1	柴田大知	111-135-145-1357/1748	6.4%	14.1%	22.4%
2	丹内祐次	58-67-74-859/1058	5.5%	11.8%	18.8%
3	松岡正海	33-34-31-350/448	7.4%	15.0%	21.9%
4	津村明秀	22-19-24-199/264	8.3%	15.5%	24.6%
5	松山弘平	18-16-13-150/197	9.1%	17.3%	23.9%
6	和田竜二	12-11-16-139/178	6.7%	12.9%	21.9%
7	川田将雅	11-5-11-44/71	15.5%	22.5%	38.0%
8	菱田裕二	10-6-2-56/74	13.5%	21.6%	24.3%
9	黛弘人	6-4-8-152/170	3.5%	5.9%	10.6%
10	内田博幸	5-7-4-46/62	8.1%	19.4%	25.8%

データはラフィアン、ビッグレッドF、ウイン名義対象のみ。コスモＶＦ、岡田繁幸氏名義は含まれていない。本文とはその分、誤差もあるが、あくまでも軍団がどういった騎手を多用しているかを説明するために、この表を掲載している。

ラブ馬ではなく、個人オーナーが所有されている場合は、騎手起用などで融通が利くことも少なくありません。

ところが、マイネル軍団はローテーションから騎手起用については、ほぼ口を挟めないといっていいでしょう。

実際、マイネル系が厩舎にいるのは助かる側面もあるんですよ。特に美浦への預託頭数が多いので、ちょっと困っていると馬をすぐに入れてくれることが多いんです。ただ、本当に〝柴田大騎手であのレースを使え〟という指示が目立ちます」

それは柴田大騎手と厩舎の関係性を見ても、よくわかる。関西の西園厩舎との関係性が典型例だ。15年以降、柴田大騎手&西園厩舎のタッグは【3―1―3―13】という成績を残しているが、馬主で見ればウイン、ラフィアン、ビッグレッドFの3名義のみの騎乗。つまりデータ集計期間では、マイネル軍団以外の馬に騎乗したことはないのだ。

もちろん、所属が関東と関西の違いがあり、そう騎乗する機会がないとはいっても、西園厩舎からすれば、柴田大騎手は他の馬主の馬に乗せるジョッキーではないと判断していることがうかがえる。

関東の手塚厩舎でも同様だ。同厩舎とのタッグでは【4―4―7―24】という成績を収めているが、1鞍以外はマイネル軍団の馬ばかり（その1鞍は藤田在子氏名義のアルタイル）。

手塚厩舎といえば、社台グループの馬も少なくないし、個人オーナーも多くついている。それでもマイネル軍団系の馬以外に起用するケースは少ない。マイネル軍団系の騎手は軍団以外の馬を依頼しにくいという事情もあるだろうが、社台グループ以上にエージェントを飛び越えて騎手起用を決めているといっていいだろう。

ちなみに川島氏といえば、以前は藤田菜七子騎手のエージェントも務めていた。菜七子騎手が一時期、和田雄厩舎の馬に多く乗っていたのを覚えている人も少なくないだろう。サンタナブルー（旧ブルーマネジメント、現ＹＧＧホースクラブ）、サンドベージュ（ヒダカＢＵ）などに騎乗している。

これは川島氏、柴田大騎手と和田雄厩舎との深い関係性から生まれた副産物だろう。和田雄厩舎はマイネル軍団以外の馬にも、柴田大騎手を起用することが少なくない。エネスクやソレイユフルール、トッカータなど他の馬主の馬にも騎乗させているのだ。

もちろん菜七子騎手の場合、クラブ側の要請により騎乗依頼を出していた可能性もあるが、エージェントを務めていた川島氏の口を利きやすい厩舎のひとつだったという側面もあったものと思われる。菜七子騎手も数は少ないものの、ウインやマイネル軍団の馬には騎乗経験があるのは、こうした関係によるものだ。

丹内騎手の場合も、状況は柴田大騎手に似ているといっていい。彼にも常木翔太氏（馬三郎）というエージェントがいる。しかし、丹内騎手は15年以降、78勝を挙げているが、ラフィアン名義34勝、ビッグレッドF名義18勝、ウイン名義6勝、岡田繁幸氏名義1勝、コスモVF名義1勝と、60勝がマイネル軍団による勝利である。勝ち星の約80％が同軍団でのものという状況で、率では柴田大騎手を大きく上回っている。

丹内騎手の場合も、同軍団以外の馬は乗せないという厩舎も珍しくない。先ほど、松岡騎手の項で触れた相沢厩舎。丹内騎手とのコンビでは【5―2―1―19】という成績を挙げているが、ラフィアン名義とビッグレッドF名義の馬にしか騎乗していない。

宗像厩舎とのコンビでは【3―2―2―12】という成績を残しているが、ウイン名義とラフィアン名義の馬のみの騎乗だ。宗像厩舎は少し前まで丸田騎手が所属し、田中勝騎手と懇意にしていると書いたが、サンデーRの馬に田中勝騎手が騎乗できなかったり、マイネル軍団の馬に丸田騎手が騎乗できなかったりと制限を大きく受けている。

宗像調教師の立場からすれば、預託馬はありがたいものの、ノーザンF系と同様か、それ以上にマイネル軍団馬はなかなか思い通りにならない側面があるのは確かだろう。

余談だが、ノーザンF系以上に騎手起用やローテーションに制限が多いため、同軍団の馬を預からないという調教師も少なくない。最近でもマイネル軍団が宮本厩舎から馬を一斉に引き上げることがあった。

いくら力のあるエージェントだといっても、同軍団との関係性においては手腕を奮う局面は少ないのだ。マイネル軍団系の騎手を担当する場合は、基本的に軍団との調整係が中心業務ということになる。そういった意味では、中村剛士氏や小原靖博氏などのケースとは大きく異なるといっていい。

エージェントが機能!? 田中勝、丸田騎手に復活サイン点灯

1章で触れた17年のJRAによるエージェント改革。これに賛成だったのは、関東のベテラン騎手が多かったと指摘した。

実際、蛯名騎手は武山修司氏（デイリー馬三郎）から競馬業界とはまったく無縁だった山之内寛史氏に変更したが、その後は契約を解除している。

横山典騎手は長年、エージェントを担当していた永楽裕樹氏（研究ニュース）との契約を打ち切ってからは、自らが栗東に赴いて昆厩舎の主戦騎手に収まるなど、自助努力で騎乗馬を集めている。関東騎手会の重鎮2人のそうした動きは、他の騎手にも大きな影響を与えたのは間違いない。

例えば、丸田騎手。彼は2017年6月まで馬三郎の武山氏の後輩である澤田裕貴氏をエージェントとして起用していた。しかし、こうしたエージェント改革の方向性もあり、澤田氏との契約を打ち切り、元トウショウ牧場の馬係である町田周平氏を専業エージェントとして起用したのだ（現在の町田氏は若手の山田騎手も担当）。

エージェントが交代すれば、少なくとも厩舎サイドへの影響力は変わってくるのは説明してきた通りだ。

特に馬三郎系は武山氏を中心として厩舎にくい込んでいる。数十厩舎のレーシングマネージャー的役割も担っているという報道がされたこともある。

そこへ、トウショウ牧場の馬係だったとはいえ、細かく厩舎に入り込んでいるわけではない町田氏を起用したことで成績面で苦労することが目立つようになってきた。丸田騎手は15年560鞍26勝、16年495鞍29勝、17年536鞍22勝という成績を収めている。

これだけ見ると、エージェント交代の影響は少なくないように思える。しかし、17年に挙げた22勝中16勝は6月までに挙げたもの。7月以降に挙げたのは6勝。勝率は2％台まで低下している。

同様の事象は同じく、エージェントを兼業の松本浩志氏（ヒロシ氏）から町田氏に変更した田中勝騎手にも起こっている。

●田中勝騎手の17年成績

・17年1～6月（ヒロシ氏担当）

【15―12―20―204】勝率6・0％　連対率10・8％　複勝率18・7％

単勝回収率104％　複勝回収率96％

・17年7～12月（町田氏担当）

【7―10―17―207】勝率2・9％　連対率7・1％　複勝率14・1％

単勝回収率44％　複勝回収率88％

もっとも、スンナリと分類できるわけではないが（エージェントの引き継ぎや交代直後は混乱しやすいため）、騎乗数は上半期と下半期で大きく変わらなかったものの、勝利数などは低下しているのがわかる。

町田氏は元トウショウ牧場の馬係として、一定程度、厩舎にも顔が利く立場だとは思うが、TMとしてあらゆる厩舎にネットワークを築いていたヒロシ氏に比べて、トレセン内でのポジションはまだ微妙なところだろう。それが成績に影響しているのではないか。

また、丸田騎手との併用という点も、プラスなのかマイナスなのかわからない。基本的に2人とも厩舎が被るところもある。丸田騎手がつい先日まで所属していた宗像厩舎は、田中勝騎手がメインで起用されることも少なくないからだ。

しかし、17年後半から不調だった2人の騎手だが、18年に入り徐々にではあるが、良化の気配もうかがえる。

丸田騎手は18年4月29日まで4勝を苦戦していたが、5月5日、6日の開催で6勝を挙げた。乗り馬の質もそれなりにアップしてきたということだろう。

例えば、18年4月29日新潟11R谷川岳S（OP、芝1600m）では、矢作厩舎から③タイセイサミットの依頼があった。中谷騎手の怪我による戦線離脱はもちろんのこと、ローカル開催だったことや、17年12月9日の中日新聞杯でも騎乗した経験があり、白羽の矢が立ったといえよう。

前走は内田騎手騎乗で、OP特別の東風Sで2着するなど復調気配になったタイミングでの依頼だったが、騎手心理に立てば、有力馬が回ってきているのは理解しているはず。

騎手界の中でも研究量の多さや深さ、ヘッドワークのよさが評価される丸田騎手である。新潟の馬場も研究していたのは間違いない。混戦模様だったが、同馬は1番人気（4・9倍）に支持されている。

レースでは展開を読み、前走とは一転して差しに回ったが、惜しくも先に抜け出したスターオブペルシャを捕まえられず2着を確保。1番人気で勝てなかったように映るのは確かだが、次に関東圏のローカル開催を使う際、丸田騎手に声がかかる可能性も高まったろう。

ちなみに本書スタッフの馬券（P80掲載）は、勝負度合いの強い丸田騎手の③タイセイサミットを中心に、差し馬勢を相手にして、ヒモは有力どころに流した3連複馬券だ。

2着だったが、相手3頭に入れていたトウショウドラフタ（10番人気）がなんとか3着を確保し、3連複1万4560円を獲得することができた。このあたりのエージェントを考えたうえでの馬券戦略は、4章で紹介しているのでそちらも参照してほしい。

また、このタイセイサミット騎乗の裏には、山田騎手の初勝利の縁もあったことが想像できる。17年3月にデビューした山田騎手の初勝利は4月14日福島6Rの3歳未勝利戦。矢作厩舎のイペルラーニオによる初白星だった。

同馬はキャロットFが所有するディープインパクト産駒。近2走こそ不振だが、4、3走前は3着のある馬だし、前走は岩田騎手が乗っている馬だ。

矢作厩舎とすれば、優先出走権を失っている状況なので、芝の中距離レースで出走できるレースがあればエントリーしたいところ。

3歳春の時点で未勝利だと黄色信号が点灯しているといっていい。常に馬房がフル回転している同厩舎にとってみれば、使えるうちになんとか勝たせたいというのが本音だったろう。

おそらく若手騎手戦であれば抽選漏れはないということ、福島開催は関西馬が出走すると

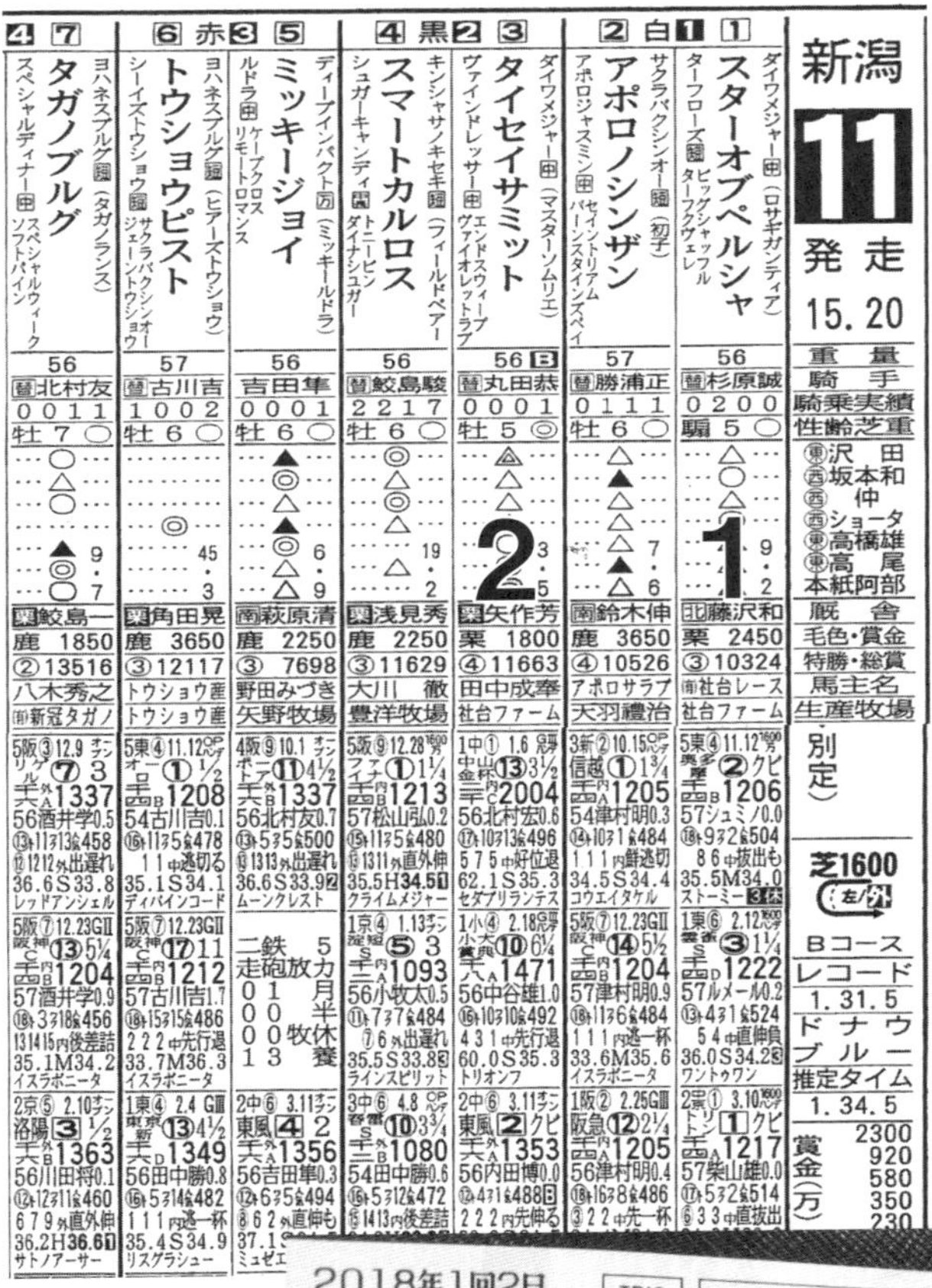

新潟 11 発走 15.20

枠・馬番	4 7	6 赤 3 5	6 赤 3 5	4 黒 2 3	4 黒 2 3	2 白 1 1	2 白 1 1
馬番	7	6	5	4	3	2	1
父	ヨハネスブルグ園 (タガノランス)	ヨハネスブルグ園 (ヒアーズトウショウ)	ディープインパクト万 (ミッキールドラ)	キンシャサノキセキ園 (フィールドベアー)	ダイワメジャー田 (マスターソムリエ)	サクラバクシンオー園 (初子)	ダイワメジャー田 (ロサギガンティア)
馬名	タガノブルグ	トウショウピスト	ミッキージョイ	スマートカルロス	タイセイサミット	アポロノシンザン	スターオブペルシャ
母	スペシャルディナー田 スペシャルウィーク ソフトパイン	シーイズトウショウ園 サクラバクシンオー ジェーントウショウ	ルドラ田 ケープクロス リモートロマンス	シュガーキャンディ園 トニービン ダイナシュガー	ヴァインドレッサー田 エンドスウィープ ヴァイオレットラブ	アポロジャスミン田 セイントリアム バーンスタインズベイ	ターフローズ園 ビッグシャッフル ターフクヴェレ
重量	56	57	56	56	56 B	57	56
騎手	替北村友	替古川吉	吉田隼	替鮫島駿	替丸田恭	替勝浦正	替杉原誠
騎乗実績	0011	1002	0001	2217	0001	0111	0200
性齢芝重	牡7○	牡6○	牡6○	牡6○	牡5◎	牡6○	騸5○
東 沢田	○		▲	◎	△	△	△
西 坂本和	△		◎	△	△	▲	○
西 仲	○		△	◎	△	△	△
西 ショータ		◎	▲	△		△	
東 高橋雄	▲ 9	45	◎ 6	19	2 3	△ 7	1 9
東 高尾	◎		△	△		▲	
本紙阿部	○ 7	3	△ 9	2	5	△ 6	2
厩舎	栗鮫島一	栗角田晃	南萩原清	栗浅見秀	栗矢作芳	南鈴木伸	北藤沢和
毛色・賞金	鹿 1850	鹿 3650	鹿 2250	鹿 2250	栗 1800	鹿 3650	栗 2450
特勝・総賞	②13516	③12117	③ 7698	③11629	④11663	④10526	③10324
馬主名	八木秀之	トウショウ産	野田みづき	大川徹	田中成奉	アポロサラブ	(有)社台レース
生産牧場	(有)新冠タガノ	トウショウ産	矢野牧場	豊洋牧場	社台ファーム	天羽禮治	社台ファーム
前走	5阪③12.9 オープン リゲル ⑦3 芝外A1337 56酒井学0.5 ⑬14ｱ13 458 121212内出遅れ 36.6S33.8 レッドアンシェル	5東④11.12 OPハンデ オーロ ①½ 芝B1208 54古川吉0.1 ⑯11ｱ5 478 11中逃切る 35.1S34.1 ディバインコード	4阪⑨10.1 オープン ポートアイランド ⑪4½ 芝外B1337 56北村友0.7 ⑬5ｱ5 500 1313外出遅れ 36.6S33.9 2 ムーンクレスト	5阪⑨12.28 1600万 ファイナル ①1¼ 芝内B1213 57松山弘0.2 ⑮11ｱ5 480 1311外直外伸 35.5H34.5 1 クライムメジャー	1中①1.6 OPハンデ 中山金杯 ⑬3½ 芝内C2004 56北村宏0.6 ⑰10ｱ13 496 575中好位退 62.1S35.3 セダブリランテス	3新②10.15 OPハンデ 信越 ①1¾ 芝A1205 54津村明0.3 ⑭10ｱ1 484 111内鮮逃切 34.5S34.4 コウエイタケル	5東④11.12 1600万 奥多摩 ②クビ 芝B1206 57シュミノ0.0 ⑱9ｱ2 504 86中抜出も 35.5M34.0 ストーミー 3休
前々走	5阪⑦12.23 GII 阪神C ⑬5¼ 芝内B1204 57酒井学0.9 ⑱3ｱ18 456 131415内後差詰 35.1M34.2 イスラボニータ	5阪⑦12.23 GII 阪神C ⑰11 芝内B1212 57古川吉1.7 ⑱15ｱ15 486 222中先行退 33.7M36.3 イスラボニータ	二走 鉄砲 5カ月半放牧休養 0 1 / 0 0 / 0 0 / 1 3	1京④1.13 OPハンデ 淀短距離S ⑤3 芝1093 56小牧太0.5 ⑪7ｱ7 484 ⑦6外出遅れ 35.5S33.8 3 ラインスピリット	1小④2.18 OPハンデ 小倉大賞典 ⑩6¾ 芝A1471 56中谷雄1.0 ⑯10ｱ10 492 431中先行退 60.0S35.3 トリオンフ	5阪⑦12.23 GII 阪神C ⑭5½ 芝内B1204 57津村明0.9 ⑱11ｱ6 484 111内逃一杯 33.6M35.6 イスラボニータ	1東⑥2.12 1600万 雲雀S ③1¼ 芝D1222 57ルメール0.2 ⑬4ｱ1 524 54中直伸負 36.0S34.2 3 ワントゥワン
前3走	2京⑤2.10 オープン 洛陽 ③½ 芝外B1363 56川田将0.1 ⑫12ｱ11 460 679外直外伸 36.2H36.6 1 サトノアーサー	1東④2.4 GIII 東京新聞杯 ⑬4½ 芝D1349 56田中勝0.8 ⑯5ｱ14 482 111内逃一杯 35.4S34.9 リスグラシュー	2中⑥3.11 OPハンデ 東風 ④2 芝外A1356 56吉田隼0.3 ⑫6ｱ5 494 862外直伸も 37.1	3中⑥4.8 OPハンデ 春雷S ⑩3¾ 芝外B1080 54田中勝0.6 ⑯5ｱ12 472 ⑮1413内後差詰	2中⑥3.11 OPハンデ 東風 ②クビ 芝外A1353 56内田博0.0 ⑫4ｱ1 488 B 222内先伸る	1阪②2.25 GIII 阪急 ⑫2¼ 芝A1205 56津村明0.4 ⑱16ｱ8 486 ③22中先一杯	2京①3.10 1600万 ①クビ 芝A1217 57柴山雄0.0 ⑰5ｱ2 514 633中直抜出

(別定)
芝1600 (左・外)
Bコース
レコード 1.31.5 ドナウブルー
推定タイム 1.34.5
賞金(万) 2300 920 580 350 230

競馬エイト

2018年４月29日新潟11Ｒ谷川岳Ｓ（ＯＰ、芝1600m）

16 桃8	15 桃8	14 橙7	13 橙7	12 緑6	11 緑6	10 黄5	9 黄5	8 青
キングカメハメハ牡	ダイワメジャー牡（船橋）	アンライバルド牡（トウショウギフト）	ローレルゲレイロ牡（北海道）	ダイワメジャー牡（クリスマスマーベル）	スクリーンヒーロー牡（川崎）	ロージズインメイ牡（マイネルアクロス）	ステイゴールド牡（マイネマローニエ）	キングカメハメハ牡（ジャージデスマイル）
クラリティシチー	地 ブレイズアトレイル	トウショウドラフタ	地 アイライン	ボンセルヴィーソ	地 トラスト	ウインソワレ	マイネルアウラート	トーキングドラム
タイキクラリティ牝	ラフィントレイル牝	ウイッチトウショウ牝	ローレルシャイン牝	パイモユリ牝	グローリサンディ牝	コスモダンスナイト牝	マイネシャンゼリゼ牝	トランシーフレーズ牝
スペシャルウィーク タイキダイヤ	エルコンドルパサー ファピラスライン	ジェイドロバリー サマンサトウショウ	コマンダーインチーフ アラマサゴールド	サクラローレル リュパンドール	エイシンサンディ ダイヤターン	ダンスインザダーク オージーカンパニー	トウカイテイオー セーヌフロウ	サンデーサイレンス アンスチュアート
56	57	56	54	56	56	54	59 B	58
替川須栄	替森泰斗	替岩部純	替木幡巧	替菱田裕	替丹内祐	替丸山元	替黛弘	替小崎綾
0000	0000	0013	0000	0000	0003	0000	0000	0000
牡7	牡9	牡5	牝6	牡4	牡4	牝6	牡7	牡8
△ ▲ 26・4	76・9	△ ▲ 31・2	△ △ △ △ 20・5	△ △ △ 11・7	△ △ △ △ △ △ 13・7	31・7	30・6	△ 23・4
北上原博	船橋山田信	南菅野浩	南高橋裕	栗池添学	栗中村均	栗宮本博	南高橋裕	南斎藤誠
鹿 1800	芦 3280	栗 2500	黒 1975	栗 1900	芦 2050	鹿 2450	黒 5850	鹿 4250
①12771	③14113	④12568	④ 7874	9306	① 6741	② 7828	④18342	②12259
㈱友駿ホース	前田幸文	トウショウ産	㈲アラキファ	名古屋友豊㈱	岡田繁幸	㈱ウイン	㈱ラフィアン	下河邉美智子
パカパカファ	ノーザンファ	トウショウ産	アラキフアー	白井牧場	中本牧場	コスモヴュー	ビッグレッド	下河辺牧場
4京⑨10.29オープン カシオペ⑫16 芝外A 1560 56松田大2.6 ⑫ト2ヲ6人490 9 8 12内後方侭 63.2H40.4 アメリカズカップ	盛岡 9.24OP 岩手県知⑤ 4 芝 1461 57村上忍 ⑬ト 1ヲ 4人 7 7 7 36.1 501流込む ロゾヴァドリナ	5東⑦11.25オープン キャピタ⑦4¼ 芝C 1333 56岩部純0.7 ⑱ト8ヲ15人488 16 16 16内直内伸 36.9S33.5② ダイワキャグニー	5中⑥12.17 1600ハンデ 南総⑫3¾ 芝外A 1091 53内田博0.7 ⑯ト1ヲ12人478 16 16 16外後方侭 34.5H34.6② アレスバローズ	4阪⑨10.1オープン ポートアイ⑫5¼ 芝外B 1339 54松山弘0.9 ⑬ト7ヲ2人462 6 5 5中中伸ず 35.6S34.8 ムーンクレスト	2札⑥ 9.3 OPハンデ 丹頂⑫17 芝C 2470 53丹内祐2.8 ⑭ト3ヲ4人480 1 1 4内逃バテ 63.7S40.5 プレストウ 6休	1京① 1.6 1000万①1¾ 芝内A 1090 55菱田裕0.3 ⑯ト10ヲ9人482 1 1内鮮逃切 33.9H35.1 ヒルノマゼラン	1京① 1.6 G III 京都金杯⑫5½ 芝外A 1352 57丹内祐0.9 ⑬ト3ヲ10人476 3 3 4内先一杯 34.3M35.7 ブラックムーン	5阪③12.9オープン リゲル⑫5¾ 芝外A 1341 58幸英0.9 ⑬ト5ヲ11人480 7 6 4中中位退 35.7S34.6 レッドアンシェル
1中② 1.7オープン ポルックス⑮14 ダ ハダ 1547 56柴山雄2.3 ⑯ト12ヲ14人498 11 11 11内直後退 63.2M39.7 アルタイル	船橋12.5 総の国オ⑭大 ダ 1471 57矢野貴 ⑭ト 14ヲ 12人 7 10 13 44.8 501早々退 クラージュドール	5中⑥12.17オープン ディセン⑫6¼ 芝内A 1488 56三浦皇1.0 ⑫ト10ヲ8人490 12 12 12内後方侭 62.9S34.6② マイネルハニー	1中② 1.7 1600万 サンライ①½ 芝外C 1082 55勝浦正0.1 ⑯ト14ヲ14人474 16 16 16外殿一気 34.1H34.1① アルマエルナト	5阪③12.9オープン リゲル⑬6 芝外A 1341 55四位洋0.9 ⑬ト6ヲ9人478 1 1 1内逃バテ 35.1S35.0 レッドアンシェル	1阪④ 3.4 OPハンデ 大阪城⑤3 芝外A 1458 55国分恭0.5 ⑫ト12ヲ7人486 2 2 1中4角先 59.8S34.4 トリコロールブル	2京④ 2.4 1600ハンデ 山城①½ 芝内B 1094 53菱田裕0.1 ⑪ト7ヲ4人482 1 1内逃切る 35.1S34.3 ダイメイフジ	1東④ 2.4 G III 東京新⑯8¼ 芝D 1355 57柴田大1.4 ⑯ト12ヲ16人482 3 2 2中先バテ 35.8S35.4 リスグラシュー	二鉄 3 走砲放カ 1 0 月 0 1 休 0 0 牧 2 3 養
2中⑥ 3.11オープン 東風[5]2 芝外A 1356 56勝浦正0.3 ⑫ト3ヲ10人494 10 9 9内内立回 37.4S34.2② ミュゼエイリアン	2中③ 3.3 G III オーシャ⑭4¾ 芝外A 1091 56内田博0.8 ⑯ト6ヲ16人510 14 13 13中後方侭 34.8H34.3 キングハート	二鉄 4 走砲放カ 0 0 月 0 0 半 0 0 牧休 1 1 養	2中⑥ 3.11オープン 東風[6]2½ 芝外A 1357 54柴田大0.4 ⑫ト10ヲ8人472 8 9 9外直伸も 37.3S34.3③ ミュゼエイリアン	二鉄 4 走砲放カ 0 0 月 0 1 半 1 0 牧休 1 1 養	2阪② 3.25オープン 六甲⑤3 芝外A 1334 56国分恭0.5 ⑩ト1ヲ4人476 1 2 2中直一先 34.7M34.8 ロジクライ	3中⑥ 4.8 OPハンデ 春雷S⑭6¼ 芝外B 1084 52菱田裕1.0 ⑯ト12ヲ11人460 3 3 3中好位退 33.6H34.8 ペイシャフェリシ	3中③ 3.31 G III ダ卿⑧3¼ 芝外B 1327 56柴田大0.5 ⑯ト5ヲ14人478 B 4 6 4中好一杯 35.4S35.0 ヒーズインラブ	2中⑥ 3.11オープン 東風[7]2½ 芝外A 1357 58田中勝0.4 ⑫ト2ヲ9人478 4 6 6内流込む 37.0S34.6 ミュゼエイリアン

1着①スターオブペルシャ　（２番人気）

２着③タイセイサミット　（１番人気）

３着⑭トウショウドラフタ　（10 番人気）

単① 610 円　複① 190 円　③ 170 円　⑭ 550 円

馬連①ー③ 1260 円　馬単①→③ 2810 円

３連複①③⑭ 14560 円

３連単①→③→⑭ 68120 円

いっても、輸送時間の関係でレベルは落ちやすいということもプラスだったはずだ。

矢作厩舎はもともと出走できるレースを最優先にすることが目立ち、平場戦では騎手起用にそれほどこだわらない。そんな中で、急な出走でも対応できる騎手として躍進してきたのが中谷騎手だったのだ。

余談はともかく、デビューしたばかりの山田騎手にとってみれば大チャンスの一戦。やや強引な競馬で最後はクビ差とヒヤヒヤものの勝利ではあったが、なんとか勝ち星をもぎ取った。

エージェントの町田氏としては、ホッとした瞬間だったことだろう。矢作厩舎は中谷騎手が怪我で長期休養を余儀なくされ、所属の坂井瑠星騎手が海外で武者修行中。出走馬も多いので、しばらくの間は3場開催のローカルでは馬が回ってくる可能性が高まった。

また山田騎手を抱えたことで、田中勝騎手の馬質にも変化が出てきた。まだ、勝てる馬は回ってきていないが、山田騎手が所属する小桧山厩舎からの依頼も増えている。

時系列は前後するが、18年4月7日中山11RニュージーランドTでは矢作厩舎からエントシャイデンという馬が回ってもいる（9着）。近年、関西馬に騎乗する機会がめっきりと減っていた田中勝騎手だが、山田騎手や丸田騎手と同じエージェントを使っている効果がやっと現れ始めているといっていい。18年は4月までで11勝を挙げ、17年を上回るペースだ。

町田氏もエージェントとして1年近くが経ち、ようやく現場にも慣れてきたという側面もあるだろう。もちろん、田中勝騎手をかわいがっている馬主さんも少なくない。自助努力で馬集めも行なっているだろうが、エージェントと噛み合えば20～30勝はすぐに勝てる騎手のはず。丸田騎手も18年、なんとか20勝は達成しても不思議のないところまで巻き返しつつある。不調が伝えられていた2人の騎手だが、17年下半期の最悪期は脱出しつつある。町田氏も慣れてくれば、対応できる厩舎も増えてくる。

騎手にとってエージェントを代えるということは、大きなリスクも伴なう。それはこうした関東の例を見ていると痛切に伝わってくることだろう。特に成績中位くらいの騎手にすれば、騎手生命がかかっているといってもいいのだ。

郵 便 は が き

お手数ですが
62円分切手を
お貼りください

1 7 0 - 8 4 5 7

東京都豊島区南大塚
2-29-7
KKベストセラーズ
書籍編集部行

おところ 〒

Eメール @ TEL ( )

(フリガナ)
おなまえ

年齢 歳
性別 男・女

ご職業
会社員
公務員
教 職 (小、中、高、大、その他)
無 職 (主婦、家事、その他)
学生 (小、中、高、大、その他)
自営
パート・アルバイト
その他 ( )

愛読者カード

このハガキにご記入頂きました個人情報は、今後の新刊企画・読者サービスの参考、ならびに弊社からの各種ご案内に利用させて頂きます。

●本書の書名

●お買い求めの動機をお聞かせください。

1. 著者が好きだから　2. タイトルに惹かれて　3. 内容がおもしろそうだから
4. 装丁がよかったから　5. 友人、知人にすすめられて　6. 小社HP
7. 新聞広告（朝、読、毎、日経、産経、他）　8. WEBで（サイト名　　　　　　）
9. 書評やTVで見て（　　　　　　）　10. その他（　　　　　　）

●本書について率直なご意見、ご感想をお聞かせください。

●定期的にご覧になっているTV番組・雑誌もしくはWEBサイトをお聞かせください。
（　　　　　　　　　　　　　　　　）

●月何冊くらい本を読みますか。
（　　　　冊）

●本書をお求めになった書店名をお聞かせください。
（　　　　　　　　　　　　　　　　）

●最近読んでおもしろかった本は何ですか。
（　　　　　　　　　　　　　　　　）

●お好きな作家をお聞かせください。
（　　　　　　　　　　　　　　　　）

●今後お読みになりたい著者、テーマなどをお聞かせください。

ご記入ありがとうございました。著者イベント等、小社刊行書籍の情報を書籍編集部HP（www.kkbooks.jp）にのせております。ぜひご覧ください。

第3章

〝彼ら〟が牛耳るジョッキーの世界【関西編】

騎手のグループ化と騎乗馬の囲い込み

現在の騎手リーディングでは、ルメール、デムーロ両外国人騎手の後塵を拝している武豊騎手。1章でも触れたが、武豊王朝の崩壊と現状を今一度振り返ってみよう。

武豊騎手のエージェントを務めているのは元ホースニュース馬のTM平林雅芳氏。数年に一度の割合でエージェントを交代させるなんて噂話も出たりするが、1章で触れたように、長い期間エージェントを担当しており、2人の絆は深いといっていい。

2003〜05年にかけて年間200勝を3回達成したのは、武豊騎手の力ももちろんだが、エージェントの影響力も大きかった。ただ現状では、平林氏はほぼ専属のエージェントだったことが、武豊騎手にとって裏目に出ているのかもしれない。

ルメール、デムーロ騎手を見ても明らかな通り、次々に質の高い馬を乗り捨てていく。常に勝負になる馬を選んでいかない限り、年間200勝の壁は大きいといわざるを得ない。

確かに全盛期の武豊騎手なら乗り捨てても、周囲は何もいえなかったことだろう。しかしピークを過ぎてしまえば、武豊騎手とて反動が出てしまうのも事実。孤軍奮闘でエージェントを付けていたのが、裏目に出てしまった一面もある。つまり、かつての岡部軍団、小原軍団のように、〝武豊軍団〟を組織していれば、また違った展開もあったということだ。

言葉は悪いが、遠征などで代打を任せる騎手を囲い込まなかったのが、その後の勝ち星減につながっている部分もある。

1章でも紹介したように岡部幸雄元騎手は、松沢昭夫氏をエージェントとして軍団を形成。自身が乗れない際はセカンドドライバーとして柴田善、蛯名、田中勝騎手らに馬を回す。若手騎手もラインに食い込ませることで騎乗馬のグループ化に成功。有力な騎乗馬をグループ内で確保することで、いつでもトップ騎手である岡部騎手に馬が回るような仕組みをつくり上げたのだ。

しかし、武豊騎手は弟の幸四郎騎手や良好な関係性を持つ幸騎手などに一部、お手馬を回すことはあったものの、基本的には岡部軍団のように騎乗馬をグループで確保するような体制はつくらなかった。それは1章で詳述したエージェント制への〝距離感〟ゆえだったろう。

その間隙を突いたのが元競馬ブックTMの小原靖博氏だった。武豊騎手が騎手をグループ化して馬を確保しなかったのを逆手に取ったのか、岩田、福永、四位騎手らのエージェントを次々に担当。現在のようにエージェントひとりにつき担当3名と決まっていなかった際は、常時7～8名の騎手を担当していたというのは先述の通りだ。〝小原天皇〟と呼ばれるほど権勢を誇ったのは、耳にしたことのある人もいるのではないだろうか。

ある北海道シリーズのレースでは、出走馬の騎乗騎手が全員お抱えの〝臣民〟騎手たちによるレースだったということさえあったそうだ。小原氏の影響力が大きくなった07年頃、氏は競馬ブックに所属しているＴＭだった。さすがに批判の声が大きくなっていたのは説明するまでもないだろう。

ただ裏を返せば、それだけ小原氏が優秀だったということなのも事実。馬を見る眼がなければ、各騎手に質の高い馬を正確に回すこともできない。７名も８名もの騎手が、小原氏にエージェントを依頼するという事実も、それを証明している。

言葉は悪いが岩田、福永、四位騎手たちが乗り捨てた馬でも、他の騎手からすると、質の高い馬に映ったのは間違いないだろう。

また、当時のこの3名の騎手は、常にリーディングのトップ争いを繰り広げていた騎手たち。後に天下を握る、通年免許の外国人騎手はまだ不在。孤高の存在である武豊騎手が怪我などで離脱したり、調子を落とした際の関西では、特に猛威を振るっていた。小原氏による騎手のグループ化は、関西でとてつもなくうまく作用したといっていい。

調教師の立場からしても、小原氏に頼めば、当時の岩田、福永、四位騎手のトップクラスの騎手を確保できる。この３名が乗れなくても、当時まだ若手だった川田、浜中騎手や乗れると評判だった鮫島良太騎手など活きのいい騎手が手配されるのなら、任せてしまったほうが楽というもの。

武豊騎手に依頼した場合、断られた後に、代わりに乗ってくれる騎手を確保するのは大変だったという。孤高の武豊王朝の急所をうまく突いた格好だ。

また、小原氏は当時所属していた競馬ブックの同僚、井上政行氏が安藤勝己元騎手を担当していたのもプラスに作用した面もあったはず。井上氏は安藤勝騎手をほぼ専属で担当していた。07年頃の安藤勝騎手は騎乗数こそ多くはなかったが、トップ騎手だったのは間違いがない。当然、安藤勝己騎手が乗れない際は、必然的に小原氏が担当する騎手に馬を回すことができたのだ。

エージェント制が3名の騎手＋若手1名と明文化された際に、川田騎手が井上氏の元に収まったのも、競馬ブックラインだったことが大きかっただろう。とにもかくにも、関西のエージェント制を語るうえで、武豊騎手の平林雅芳氏と、関西で騎手をグループ化して管理した小原靖博氏の2人にまず注目しなければならないだろう。

夏の北海道は小原軍団の庭だった！

2010年代前半から半ばにかけてだが、小原靖博氏が豪腕を振るった時代といえる。特に夏の北海道シリーズでは、先ほども紹介したように、出走馬のすべての騎手のエージェントを担当していたという話もあったくらいだ。

1章でも軽く触れたが、小原氏は、関東の大物エージェントとして辣腕を振るった元日刊競馬の故植木靖雄氏とも提携関係にあり、大きく勢力を拡大していった。

関西の有力騎手は当たり前だが、関東へ遠征する機会も多い。重賞、GIといった大レースはお手馬が決まっているだろうが、平場のレースでは〝交通整理〟が必要だ。しかし、専門紙TMの職にあるとはいえ、担当していない地域の馬を見極めることや、厩舎との交渉はひと筋縄ではいかない。

植木氏は関西所属の藤田伸二元騎手や、関東の中堅からベテランの域に差しかかっていた中舘、吉田豊騎手、大井から転入したばかりの内田騎手や大井時代の戸崎騎手を担当。余談だが、植木氏はもともと地方競馬のTMとしてスタートしている。

その植木氏も当然、関西有力エージェントとのコネクションを維持するのは大きなプラスだった。関東と関西の2大エージェントが手を結び、トップ騎手同士で馬を回す仕組みができ上がっていたのだ。

少し古い話だが、植木氏の敏腕ぶりを物語るエピソードでこんな話がある。吉田豊騎手に「俺がエージェントを担当すれば関西の有力馬にも乗れるよ」と豪語し、実際、石坂厩舎のブルーメンブラットを確保。吉田豊騎乗ブルーメンは牝馬ながら、08年のマイルCSを制している。

関東と関西の2大エージェントが手を組んで、配下の騎手に馬を回すことが可能であれば、高い確率で騎手たちを支配できる。これは騎手だけではなく、調教師たちも同じだ。

調教師の大半は騎手起用に頭を悩ませている。マイネル軍団は騎手が指定されるし、社台グループも基本的にはNG騎手も少なくない。個人馬主に対しても、ある程度の希望に応える必要があるだろう。

そういった意味では、騎手たちを仕切れる大物エージェントの存在は便利だったのは間違いない。

特に小原氏は、騎乗馬を配下の騎手たちで回し合うスタイルを取っている。岩田騎手がダメなら川田騎手（当時担当）、川田騎手がダメでも福永騎手、福永騎手がダメなら岩田騎手というパッケージングだ。ここに四位騎手も加わる。

デムーロ騎手やルメール騎手が通年免許を取得するまで、このパッケージングはかなりの成功を収めた。実際、小原軍団は各地でやりたい放題だった。

例えば、15年の北海道シリーズ。1回・2回函館は小原騎手がエージェントを務める岩田騎手が23勝を挙げトップに。2位で11勝だったのが四位騎手。12勝の大差をつけて圧勝した。

ちなみに14年に1回・2回の函館開催でリーディングを獲ったのは三浦騎手だったが、この際、北海道シリーズ限定で小原氏が面倒を見たとされる。ところが、軍団主力の岩田、四位騎手が本格参戦した15年には、三浦騎手は2開催で7勝しか挙げられなかったのだ。

結局、15年は札幌戦を含めて夏の北海道シリーズで一番勝利を挙げたのが、岩田騎手で29勝。札幌で巻き返し20勝を挙げた三浦騎手が2位、3位は19勝を挙げた福永騎手、4位は18勝を挙げた四位騎手となった。

つまり、夏の北海道シリーズで上位の勝ち星を挙げた騎手の大半が、小原氏が担当していた騎手か、多少なりとも小原騎手から馬が回っていた可能性もある三浦騎手だったというものである。

ただ、エージェントの力が強くなりすぎて困るのは、厩舎サイド、主催者であるJRAだった。特に小原氏は兼業エージェント。ファンからは常に公正競馬の観点から苦情もあったというのは1章で述べた通りだ。一方、厩舎からはダブルブッキングや乗り捨て、当初予定していた有力騎手ではなく、配下の若手騎手がアテンドされるようなことも少なくなかったとか。

こうしたトラブルは、リーディング上位騎手を抱えるエージェント全般にあること。仕事のできるエージェントは勝てそうな馬を優先するのは当然といえば当然だが、競馬界はムラ社会の部分もある。

リーディング上位調教師となれば、狙っているレースへ出走させるための管理馬のスケジューリングも緻密。予定していた騎手が乗れないというだけでも不満だろうし、ウチの馬以外に乗りたい馬がいるのか！　となるのは当たり前の話。

小原氏は、勝てる馬をギリギリまで吟味しているエージェントだったといっていいだろう。「1エージェントにつき騎手3名＋若手1名」という規制が始まり、明文化されていった理由のひとつは、こうした小原軍団の解体が目的のひとつにあったのは間違いない。

また、JRAからも目をつけられていたのか、小原氏は15年9月に北海道シリーズで、担当枠が一杯にも関わらず、地方所属騎手を斡旋したということで、3カ月の業務停止およびJRA関連施設の立ち入り禁止処分を受けたこともある。1章でも紹介した〝小原事件〟だ。

当時はJRAのサイトで騎乗仲介者が発表されていなかった時代でもあるし、他のエージェントも、担当外の騎手を斡旋していたことは少なくないと思われる。小原氏が3カ月の処分を喰らった背景にあるのは、同氏があまりに仕事ができるため、軍団が膨張しすぎたことをけん制するためだったといっては穿ちすぎだろうか。

ノーザンF系クラブ馬はNG？小原軍団の現在

我が世の春を謳歌していた小原軍団だったが、現在はかなり厳しい状況下にあるといっていい。軍団メンバーは福永、岩田、四位騎手、若手枠の小崎騎手だが、エージェント制度のたび重なる改正やルメール、デムーロ騎手の通年免許取得で、かつての勢いは失われている。

２０１８年４月の天皇賞春で、岩田騎手はノーザンF生産馬のレインボーライン（馬主・三田昌宏氏）で勝利したものの、同牧場直系クラブであるサンデーRや傘下のキャロットFといったクラブ馬への騎乗は激減している。

●岩田騎手×サンデーR年度別成績

・12年【11―5―3―23】勝率26・2％　連対率38・1％　複勝率45・2％
・16年【0―1―2―11】勝率0％　連対率7・1％　複勝率21・4％
・17年【2―1―2―11】勝率11・8％　連対率17・6％　複勝率29・4％
・18年【1―1―2―8】勝率8・3％　連対率16・7％　複勝率33・3％

※18年は４月22日まで（以下同）

2012年の桜花賞を制したジェンティルドンナと岩田騎手。

13～15年の成績は省略したが、岩田騎手は12年に11勝を挙げ、同年にはジェンティルドンナで桜花賞、ジャパンCを、ディープブリランテでダービーを勝利するなど、サンデーRの馬で結果を残していた騎手だ。

ジェンティルドンナは13年天皇賞秋で2着に敗れると、ムーア騎手でジャパンCを制覇。その後、戸崎、福永騎手なども騎乗したが、敗因を騎手にだけ求めるのは酷なことだろう。それでも15年まではサンデーRの馬に年間30～40鞍は騎乗していたが、16年以降は騎乗数が10数鞍に減ってしまう。

15年3月にルメール、デムーロ騎手の2人が通年免許を取得した影響も大きかったと思うが、ノーザンF陣営の意向が働き苦境に陥ったものだろう。

いくらエージェントの小原氏が優秀だといっても、大手オーナーブリーダーの意向を超えてまで質のいい騎乗馬を確保するのは困難なのだ。岩田騎手はサンデーRだけではなく、キャロットFの馬への騎乗数も次のように減っている。

●岩田騎手×キャロットF
・12年【10—4—5—26】勝率22・2% 連対率31・1% 複勝率42・2%
・16年【0—1—4—13】勝率0% 連対率5・6% 複勝率27・8%
・17年【1—0—1—5】勝率14・3% 連対率14・3% 複勝率28・6%
・18年【0—2—0—4】勝率0% 連対率33・3% 複勝率33・3%

こちらも12年に比べると16年以降激減しているのがわかる。12年岩田騎手は年間119勝を挙げていたが、そのうちの21勝がサンデーR、キャロットFの馬だったのだ。勝利数の20%近い数字が、この2クラブによるもの。

ところが、17年は83勝のうち、この2クラブでの勝利数は3勝。比率でもたった3%程度の数字でしかない。ルメール、デムーロ騎手の2人が関西で圧倒的存在感を見せているとはいえ、まだまだ80勝を挙げるトップ騎手のひとりである岩田騎手に、質の高い馬が回っていないことがわかるのだ。

また、エージェント制度が厳しく定員制になったことにより、川田騎手を競馬ブックの同僚・

井上政行氏に手放した。

この2点は、エージェントである小原氏の戦略にも大きな影響を与えたのではないか。というのも、残る福永騎手は、岩田騎手よりもまだサンデーRやキャロットFの馬に騎乗する機会が少なくなかったからだ。つまり、かつてのような馬の回し合いが崩れつつある。

説明してきたように、小原軍団の特徴は**軍団傘下の騎手で騎乗馬を回し合う（勝てる馬を囲い込む）**ことにある。福永騎手が遠征などで騎乗できなければ岩田騎手、その逆もまた然りという具合だ。

ところが、岩田騎手がキャロットFやサンデーRの馬で騎乗数が減って、両クラブ馬の福永→岩田騎手という乗り替わりが事実上なくなりつつある。それどころか、福永騎手自身もサンデーRやキャロットFへの騎乗が18年に入り減少している。

●福永騎手×サンデーR年度別成績
・12年【7—4—3—19】勝率21・2％　連対率33・3％　複勝率42・4％
・16年【6—4—5—27】勝率14・3％　連対率23・8％　複勝率35・7％
・17年【2—6—1—17】勝率7・7％　連対率30・8％　複勝率34・6％
・18年【2—0—1—4】勝率28・6％　連対率28・6％　複勝率42・9％

●福永騎手×キャロットF年度別成績

・12年【10—3—2—23】勝率26・3％　連対率34・2％　複勝率39・5％
・16年【9—4—5—18】勝率25・0％　連対率36・1％　複勝率50・0％
・17年【6—3—6—18】勝率18・2％　連対率27・3％　複勝率45・5％
・18年【1—1—1—8】勝率9・1％　連対率18・2％　複勝率27・3％

18年は4月途中までのデータだが、約4カ月が経過していることを考えれば、12年に比べて騎乗数は減っているといっていいし、よくても17年と横這い程度だろうか。

福永騎手といえば、キャロットFがノーザンF傘下入りした直後にシーザリオでオークス、アメリカオークスを制覇するなど、キャロットF躍進の礎を担った騎手のひとりともいえる。某パチンコメーカーの台にキャラクターとして実写出演した際も、キャロットFの勝負服を着ていたほどだ。エピファネイアによる菊花賞制覇もまだ記憶に新しいところだろう。

しかし、18年はここまでキャロットFの馬で1勝、サンデーRの馬で2勝とノーザンFサイドの信頼が明らかに落ちている。騎乗数が減れば当然、馬の質も下がってしまい勝ち星も遠のいていく。

一時は、天皇とまで称された小原氏だが、以前ほどの権勢を再び築き上げるのは厳しそうだ。

GⅠ以外なら…ノーザンF系以外で復権目指す小原軍団

ノーザンF系に重用される外国人騎手の常駐、JRAによるエージェント・システムの規制と〝外圧〟によって、かつての威勢は衰えた小原軍団。ただ、小原氏も手をこまねいているわけではない。

岩田、福永騎手へのノーザンF系の質の高い馬の供給が以前ほどではないにせよ、厩舎や他の馬主とも深いパイプを築き上げている。

福永騎手はこの状況下で16年106勝、17年116勝と勝ち星を伸ばし存在感を示した。その一方で紹介したように、キャロットFやサンデーRの質の高い馬への騎乗は減っている。

ノーザンF系の一口クラブの馬が減っても成績を伸ばすことができたのは、小原氏や福永騎手の営業力の高さともいえるだろう。

例えば、**福永騎手躍進を支えた、そのひとつがゴドルフィン**（旧シェイクモハメド名義）。16年はシェイクモハメド名義の馬で【0―0―1―8】と結果を残したわけではないが、17年は【8―5―4―15】（勝率25・0％、連対率40・6％、複勝率53・1％）と急激に騎乗数、勝利数が増えている。

軍団全体では凋落傾向なのかもしれないが、さすがに敏腕エージェントと呼ばれるだけあって、穴埋めをする技術にも長けているのは間違いない。

また、小原氏は若手の小崎騎手のエージェントも担当している。若手騎手を担当するのはマイナス面もあるが、プラス面も少なくない。

特に小崎騎手は父親がＪＲＡの調教師で厩舎を構えている。それほど軍団の騎手が多く騎乗するわけではないが、乗り馬の供給源のひとつになるだろう。このあたりは若手騎手が所属している厩舎の判断にもよるが、エージェントを頼んだ以上、グループの騎手に馬を回すということは珍しくないのだ。

小崎調教師としても、小原氏から福永騎手などのオファーがあった場合に、馬主の意向以外で断るのは難しいのではないか。ベテラン騎手ともなると、エージェントに頼るだけではなく、自ら騎乗馬を集めることはある程度可能だ。

ジョッキー個人と厩舎や馬主との関係性ができ上がっている場合も少なくない。小原氏の場合、抱えている岩田、福永、四位騎手は独自の営業でも馬を集められる立場だろう。騎手の力とエージェントの馬を見極める力があれば、ＧⅠレースはともかく、まだまだ見過ごすことはできない存在だといっていい。

ルメール、デムーロ両雄並び立たず

小原軍団が地盤沈下を起こし、ルメール、デムーロ騎手が通年免許を取得したことで一気に注目を集めたのが、豊沢信夫氏（競馬ニホン）だ。

デムーロ騎手は通年免許を取得した15年3月から、豊沢氏をエージェントにしていた。ルメール騎手も豊沢氏が担当。しかもこのグループには浜中騎手もおり、関西エージェント界の勢力図を塗り替える存在になるかと囁かれていた。

ただ先述したように、デムーロ騎手は２０１６年10月にエージェントを豊沢氏から現在の井上政行氏に変更した。この交代劇は、明らかにルメール騎手を意識したものだったといっていい。

ご承知の通り、２人は15年3月に同時に通年免許を取得している。通年免許取得に際し、社台グループのバックアップが強かったのも同じだろう。年齢もほぼ同じで、世界での実績は別にしても、日本ではライバルという存在だ。

ルメールは調整ルーム在室時に携帯電話を使用（ツイッターを更新）した件で、デビューしたのは15年４月。それでも１１２勝を挙げる活躍をし、16年１８６勝、17年１９９勝と成績を伸ばし、17年は全国リーディングを獲得している。

15年3月に通年免許を取得するや、同年の皐月賞、ダービーをサンデーRのドゥラメンテで制したデムーロ騎手。

一方、デムーロ騎手は15年118勝とルメール騎手に勝ち越したが、16年は131勝と大きく差を広げられてしまった。エージェントを交代した16年10月末時点では、ルメール騎手146勝に対し、デムーロ騎手119勝というもの。

デムーロ騎手にしてみれば、このまま一緒のエージェントではセカンドドライバー扱いになってしまうと思っても不思議はない。まして、15年は勝利数やドゥラメンテで皐月賞、ダービーを制覇するなど、ルメール騎手よりも結果を残しているという思いもあったことだろう。

しかもルメール騎手だけではなく、12年のリーディングジョッキーでもある浜中騎手にも当然、それなりの馬を回さなくてはいけない。

このあたりは想像の域は出ないが、社台グループのバックアップが変わらないのであれば、エージェントを交代することで、違うラインの馬に乗れるようになることを考えたのではないだろうか。

実際、井上氏にエージェントを交代したことで、一部厩舎のラインナップが変わったのは確かなのだ。17年も勝ち星ではルメール騎手に敗れたものの、171勝を挙げて差を詰めたのは間違いない。

特に17年の秋シーズンはスプリンターズSをレッドファルクスで、菊花賞をキセキで、エリザベス女王杯をモズカッチャンで、マイルCSをペルシアンナイトで制するなど中身も濃かったといえる。18年も4月29日現在でデムーロ騎手52勝、ルメール騎手が48勝という具合で、今のところリーディングトップを走っている。

ルメール騎手は体重の関係から53キロ以下の馬にほとんど騎乗できない（たとえ騎乗しても成績は悪い。17年毎日王冠では53キロのソウルスターリングに騎乗し1番人気8着）ことを考えると、デムーロ騎手がルメール騎手の成績を上回り、勝利数部門の初リーディングを獲得しても不思議はないだろう。

少なくともエージェントを豊沢氏から変えたことがマイナスではなく、プラスに作用しているのは、勝ち星の伸びを考えれば確実にいえる。

一方、18年に入り苦戦気味のルメール騎手の巻き返しは見られるのか、次項で考察してみる。

ルメール騎手を陰で支えるのは中村軍団!?

ルメール、浜中といった大物騎手を抱える豊沢信夫氏。余計なお世話かもしれないが、豊沢氏も稼がなければならない事情がある。所属していた競馬ニホンが2018年4月中旬に休刊してしまったのだ。この世界で休刊は事実上の廃刊ということを示している。

もちろん、今までもエージェントとしての収入のほうが多かったとは思うが、それでも兼任していたのはなんらかの事情があったはず。収入面の問題ではなく、競馬ニホンはTMの数も他に比べれば少なかったとされており、会社側が兼任でも残ってもらう道を望んでいたのかもしれないが……。

どちらにせよ、兼任が取れ「専任」となった以上、抱えている騎手たちに成績を17年以上に挙げてもらわないといけないだろう。

ただ、18年のルメール騎手は出遅れている感が強い。同騎手は17年末に騎乗停止を喰らってしまい、18年正月の京都開催初日から4日目まで乗れなくなってしまったのだ。

この騎乗停止には裏話があり、ルメール騎手はもともと1月6～8日の3日間開催は正月休暇を取ることが予定されていたという。最初から3日間は乗るつもりがなかった可能性が高い。

よくよく考えてほしいのだが、8日のシンザン記念にはお手馬のアーモンドアイが出走を予定していた。そのレースで同馬の鞍上に収まったのは関東の戸崎騎手。リーディングトップの騎手が急遽の代打で騎乗するために遠征するのは、厳しい面があるのも事実。

戸崎騎手クラスともなると、1カ月近く前から騎乗予定が埋まることも少なくない。当初からシンザン記念は戸崎騎手で決まっていたと考えるのが普通だろう。

また、ルメール騎手は1月の4日間開催で乗れなかっただけではなく、年明けも1月27日東京4Rでギフテッドに騎乗し1着となるも、進路妨害と判定され、ここでも騎乗停止を喰らってしまった。京都記念で騎乗する予定だったレイデオロに乗れなくなってしまったのは記憶に新しいところ。

この際、レイデオロの鞍上に収まったのは短期免許で来日していたバルジュー騎手だった。年明けは休養を兼ねた？　騎乗停止で乗れなかったり、復帰して間がないところで、再度の騎乗停止とリズムに乗れていないのは事実だろう。

ルメール騎手ともなると、社台グループの馬が中心になるので、一見するとエージェントは関係なく思える。

しかし、リーディングを獲るために勝ち星を稼ごうとなると、いわゆる非社台系の馬にも積極的に騎乗しなければならない。毎レース、社台グループの有力馬が必ずいるわけではないからだ。

また、ルメール騎手はデムーロ騎手に比べて関東へ遠征する機会も少なくない。エージェントは関東馬にも精通していないと務まらない面がある。

成績を伸ばすためには、同じエージェントが抱える騎手の成績も重要だ。説明するまでもなくルメール騎手の馬質は極上。その馬たちを、ルメール騎手が乗れない間キープしておく騎手が必要がある。小原軍団が戦略として取っていた「有力馬の囲い込み」だ。

社台グループはエージェントに関係なく、ルメール騎手が乗れないと判断すれば、デムーロ騎手や川田騎手を指名することも少なくない。だが、平場戦レベルで見れば、同じエージェントが抱える騎手、つまり浜中騎手の奮闘がルメール騎手の成績を伸ばすうえでは重要となってくる。

ただ、その浜名騎手も18年は4月26日終了時点でまだ18勝と低迷気味。浜中騎手からルメール騎手に乗り替わった馬で、18年は成績を残しているとはいいがたい。

●前走：浜中騎手↓今走：ルメール騎手の年度別成績

・15年【3—1—2—9】勝率20・0％　連対率26・7％　複勝率40・0％
・16年【5—5—2—11】勝率21・7％　連対率43・5％　複勝率52・2％

・17年【5—3—3—9】勝率25・0％　連対率40・0％　複勝率55・0％
・18年【2—0—0—7】勝率22・2％　連対率22・2％　複勝率22・2％

18年は4カ月しか経っていないが、凡走が目立つ結果となっている。ついでに前走ルメール騎手→今走浜中騎手の成績も見てみることにしよう。

●前走：ルメール騎手→今走：浜中騎手の年度別成績
・15年【5—2—2—4】勝率38・5％　連対率53・8％　複勝率69・2％
・16年【3—4—2—10】勝率15・8％　連対率36・8％　複勝率47・4％
・17年【3—4—2—13】勝率13・6％　連対率31・8％　複勝率40・9％
・18年【0—1—2—5】勝率0％　連対率12・5％　複勝率37・5％

戸崎騎手と内田騎手の関係性ではないが、常にどちらかの有力騎手が乗れるというのが重要なポイントだ。同エージェント（井上政行氏）のデムーロ、川田騎手のコンビを見てもそれはわかるだろう。

非常に厳しい表現になってしまうが、**今の浜中騎手はルメール騎手のセカンドドライバーに**

はほど遠い状況にある。浜中騎手は15年98勝、16年63勝、17年60勝、18年ここまで18勝という成績で、明らかにルメール、デムーロ騎手が通年免許を取得してから成績を落としている。

それでも16、17年は健闘した部類なのかもしれないが、16年は454鞍で63勝だったものが、17年は643鞍で60勝という具合で、騎乗数が増えたものの成績は伸びなかったのだ。

18年もよくて60勝に乗るかどうかというペース。社台グループ（特にノーザンF）は騎手の成績に敏感である。これではルメール騎手の馬が、同じエージェント内で囲い込めなくなってくる。

結局、ルメール騎手が成績を伸ばせるかは、社台グループ馬の質にかかっているのは間違いない。さらに、**関東の中村軍団から回ってくる馬もポイント**となる。

リーディングを争う戸崎騎手を抱える中村軍団とは、普

●2018年4月28日東京7R（4歳上500万下、芝1600m）。戸崎騎手→ルメール騎手のスイッチで1着となっている。

通に考えればライバル関係と思われるだろう。

だがルメール騎手にとってみれば、同軍団から回ってくる馬は浜中騎手でキープしていた馬よりも重要である場合が少なくない。

例えば、4月28日東京7R（4歳上500万下、芝1600m）のキングリッド。同馬は前走で戸崎騎手が騎乗していた馬だ。初ダートで7着と敗れているが、前回までは池上昌弘厩舎の管理馬（今回から息子の池上昌和厩舎）。調教師の引退前だったこと、2走前に10着に大敗していることからダートを試したのかもしれない。

ただ、その前走は戸崎騎手が乗っているくらいなので、走る馬だという感触はあったはず。この日、戸崎騎手は東京にいたので継続騎乗してもよさそうだが、このレース自体に乗っていない。

馬主の吉田安恵氏は吉田晴哉氏の妻。生産牧場を見てもわかる通り、社台グループ（追分F系）の馬だといっていい。馬主サイドの要請でルメール騎手が起用された可能性も高いとは思うが、今まで一度も関西騎手は乗ったことのない馬でもある。

つまり、戸崎騎手のエージェント中村剛士氏のアシストがあったと考えていいのではないか。前走7着で休み明けにも関わらず、キングリッドは1番人気に支持され快勝している。

18年4月15日中山8R春興S（4歳上1600万下、芝1600m）に出走したプロディガルサンも同様だ。

プロディガルサンは3走前がムーア騎手、2走前がルメール騎手、前走が戸崎騎手となっていて、今回ルメール騎手が騎乗し3着となった。ムーア騎手来日時には、中村氏がエージェントを務めていることでも有名だ。同馬は一時期、田辺騎手が主戦だったこともあったが、いつの間にか中村氏がキープしているお手馬の1頭。

もちろん生産者であるノーザンFや馬主である金子真人氏の、騎手に対する要望もあるには違いない。しかしこの乗り替わりを見ていれば、ルメール騎手と戸崎騎手はリーディングを争うライバル関係にありつつも、エージェント同士は提携関係にあるといっても差し支えはないだろう。

その証拠はまだまだある。時系列的には戻るが、18年2月12日東京9Rテレビ山梨杯（4歳上1000万下、芝1800m）に出走したイストワールファム。同馬は6、5走前がルメール騎手→4走前が内田騎手→3、2走前の騎手が戸崎騎手→前走が浜中騎手となっている。そ

●2018年2月12日東京9Rテレビ山梨杯（4歳上1000万下、芝1800m）。4走以前はカットしているが、本文の通り、中村軍団のお手馬化しているイストワールファムにルメール騎手が跨り1着。

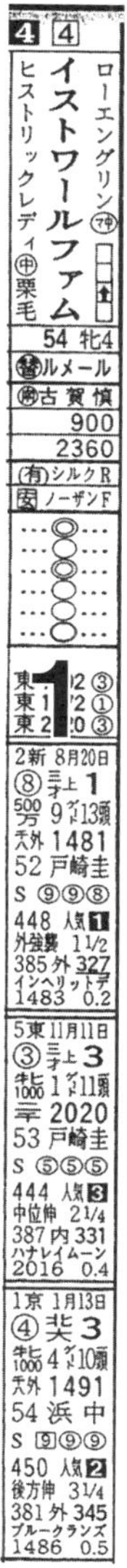

して今回の鞍上はルメール騎手だ。

おそらく前走の浜中騎手は代打騎乗だろう。前走のレースは1月13日。そう、ルメール騎手が年末に喰らった騎乗停止のせいで乗れなかった可能性が高いのだ。

イストワールファムは、新馬戦こそ管理する古賀慎厩舎と縁の深い北村宏騎手が起用されたが、その後は中村軍団の内田騎手か戸崎騎手、豊沢氏が担当するルメール騎手か浜中騎手しか乗っていない。

つまり、ルメール騎手の成績を陰で支えているのは、中村軍団だといっていいだろう。

ちなみに、このテレビ山梨杯は、1着イストワールファム（ルメール騎手）、2着カービングパス（ムーア騎手）、3着レッドオルガ（戸崎騎手）という結果に。

3着だったレッドオルガは、次走3月11日中京12R賢島特別で、ルメール騎手が騎乗して1着となっている。ルメール騎手と戸崎騎手はリーディング争いをしているように映るが、裏ではしっかりと手を握っていると書いてもいい過ぎとはいえない面もあるだろう。

安里軍団の中核・藤岡兄弟の狙い方

関西では他に藤岡佑、藤岡康、熊沢騎手、若手枠で富田騎手を擁する安里真一氏（デイリー馬三郎）が大物エージェントの代表格のひとりだろう。ノーザンF系などの社台グループとの関係性もよく、過去にはウィリアムズ、ペリエ、ビュイック、モレイラ、アッゼニ、シュタルケ騎手らを担当。外国人騎手を担当する際は、一時的に熊沢騎手が担当から外れることがほとんどだ。

2章で述べたように、同じ馬三郎の関東・武山軍団とは提携関係にある。藤岡兄弟が関東の主場開催時に乗る馬は、武山氏やその後輩たちがレーシングマネージャー役を務めていたり、顔の利く厩舎ばかりだ。田村、高木、高橋裕厩舎など武山軍団の騎手が多く騎乗する厩舎の馬が頼まれることも多い。

また、安里氏と藤岡兄弟は単なるエージェント関係にあるだけではない。数年前、関西の有力騎手が所属するGという事務所があったのは、すでに1章でも触れた。主にTVや雑誌の取材を受けるための窓口としての事務所だった。

そのGが数年前に突如解散。その後、藤岡兄弟らを中心としてRという会社が設立されている。そこで取材などを取り仕切るのが安里氏なのだ。それだけでも藤岡兄弟と安里氏の関係性

2018年3月24日中山11R日経賞を制した藤岡佑騎手とガンコのコンビ。天皇賞春は敗れたが、同騎手は5月6日のNHKマイルCを勝ちGⅠ初制覇。

の深さがうかがえることだろう。

安里氏自身が社台グループとの関係性が良好のため、そこそこ質の高い馬が藤岡兄弟に回っている。

藤岡佑騎手は2016年37勝、17年36勝という成績だったが、18年は4月末時点で27勝を挙げ、大きな怪我や騎乗停止さえなければ勝ち星を倍増させる勢いである。

巡り合わせの問題もあるかもしれないが、サンデーRやキャロットF馬での成績を見れば、藤岡佑騎手の成績が復調していることがわかる。

キャロットFとのコンビでは16年【3―1―10―15】、17年【0―0―0―11】、18年【1―2―0―5】という成績で、17年に比べればかなり持ち直している。18年に連対した3回のうち2回は

3月以降。つまり、藤岡佑騎手が好調というのが判明してからの依頼である。

サンデーRでは18年5走して3着1回という成績だが、その5鞍は3月以降に依頼されてのもの。シルクRからの依頼は18年に入ってないが、少なくともキャロットFやサンデーRは乗せてもいいという認識にあるのは間違いない。

ノーザンFサイドも、成績を残している騎手やしがらき・天栄などの外厩を手伝っている騎手に対しては、一定程度の配慮を行なっている。

基本的にはルメール騎手やデムーロ騎手などリーディング上位騎手をドンドン起用するのは間違いないが、17年から外国人騎手の短期免許取得要件が厳しくなった。そのため、平場やローカル戦のことを考えると、成績を残している若手や中堅、調教を手伝ってくれる騎手にも、ある程度は馬を回さないとならない。

そういった意味で、藤岡佑騎手はもともと60〜70勝を挙げていた騎手でもあり、復調気配にあるのなら起用しない手はないということだろう。

また、このクラスの騎手は馬主自身に可愛がられていることも少なくない。クリノの栗本氏やテーオーの小笹氏などの乗り馬も目立つ。

そのうえ、なんといっても強い武器となるのが、父である藤岡健一調教師が、社台グループだけではなく、ノースヒルズ、ゴドルフィン（旧シェイク・モハメド名義）などの馬も多く預かっているということ。

こうしたバックボーンがあり、栗東でも優秀とされる安里氏がエージェントを務めているのであれば、一定程度の成績を収めても不思議はない。近年は非社台グループ以外での活躍が目立っていた騎手だと思うが、社台グループの馬も回ってくれば、以前のように60~70勝する下地はある。

18年天皇賞春ではガンコに騎乗し残念ながら大敗してしまったり、京都記念（紹介したようにその前から乗り替わり予定だった）では、クリンチャーに騎乗し快勝するも降板。こんな巡り合わせの悪さはあるものの、うまく馬が回ってくればGⅠ初制覇のチャンスはあることだろう……と入稿したが、締め切り直前の5月6日、NHKマイルCを勝利。この勲章でより有力馬が回ってくるはずだ。

弟の康太騎手は、3場開催時の開催競馬場が小倉、中京ならそちらに腰を据えて騎乗する。3場目の開催が関東場であれば、関西主場で乗るというのがここ数年のパターン。兄の佑介騎手が主場開催中心なので、棲み分けができている。

また、兄弟間の馬の回し合いはほぼ藤岡健厩舎のみといっていい。他の厩舎の馬で佑介騎手→康太騎手、康太騎手→佑介騎手という乗り替わりもたまにあるが、馬券的には藤岡健厩舎のみ気にしていればいいだろう。

そういった意味で、藤岡兄弟はグループ化されているとはいいがたい。父の藤岡健厩舎以外には、2人をよく起用している野中厩舎などもあるが、騎乗する舞台など異なる点が多く見られる。

康太騎手はローカル開催を中心に友道厩舎の馬にもよく騎乗し、【11―11―6―60】(15年以降～18年4月末時点)という成績を残すが、同期間における兄の佑介騎手は友道厩舎の馬で【2―1―1―11】と騎乗する機会そのものが少ない。

勝利数も康太騎手は16年62勝、17年は少し落としたものの44勝、18年はここまで24勝というように、ローカルを中心としている分もあるのか、18年以外は兄の佑介騎手を上回る成績を残している。

そのため、ノーザンF系の一口クラブに騎乗する機会は、兄の佑介騎手以上。特にシルクRの馬では兄の騎乗機会は少ないものの、弟の康太騎手はかなり乗っている。

例えば、父の藤岡健厩舎に所属しシルクRが預託するOP馬のヒーズインラブ。同馬はデビューしてからしばらく康太騎手が騎乗していた。佑介騎手の騎乗はたったの1回のみ。安里氏がエージェントを務めたアッゼニ騎手の騎乗も1回あるし、17年3月来日時はエージェントを担当していたシュタルケ騎手で2勝するなどした馬だ。その後、康太騎手が乗れないと、馬

5 9
ハービンジャー㊥
ヒーズインラブ
シーズインクルーデッド㋮鹿毛
55 −2 牡5
㊢藤岡康
㊜藤岡健
2100
9130
(有)シルクR
㊐ノーザンF
…◎…
…▲…
……
…△…
…△…
…▲西
1
阪 1 17 ①
中 1 25 ①
札 1 38 ⑩

1京 1月13日
④ 新春 3
1600 芝 1 ゲート 9頭
天外 1365
57 武豊
S ⑥⑦⑦
532 人気 2
後方伸 1身
371 中 339
エンジェルフェ
1364 0.1

1東 2月3日
③ 節分 2
1600 芝 14 ゲート 16頭
天 1340
57 三浦
S ⑫⑬⑫
528 人気 5
後方伸 3/4身
368 中 341
ロジクライ
1339 0.1

1阪 3月4日
④ 武庫 1
1600 芝 1 ゲート 10頭
天外 1336
57 浜中
S ⑤④⑤
526 人気 2
G前差す アタマ
372 内 336
クリアザトラッ
1336 0.0

兄の佑介騎手が日経賞勝ちの翌週（3月31日）、康太騎手はヒーズインラブでダービー卿CTを制覇。兄弟で中山の重賞を2週連続Vとなった。

三郎ラインの武山軍団・三浦騎手も騎乗経験がある。

そういった騎手の変遷を経て、18年4月3月31日ダービー卿CTでは、久しぶりに康太騎手に手が戻ってきたのだ。同馬は前走でラインの異なる浜中騎手で勝利しているが、管理するのは藤岡健厩舎だっただけに、ノーザンFサイドの了承さえ取れれば乗り替わりも問題なかったろう。

この週はドバイWCウィークでルメール騎手などもおらず、藤岡康騎手に戻しやすかったことも幸いしたに違いない。4走ぶりの騎乗だったが、見事に1着となり重賞制覇となったのだ。

このあたりの采配は、同馬が父である藤岡健厩舎の管理馬だったこともあるが、安里氏のエージェント能力の高さを見せた一面でもある。3走前に武豊騎手が乗っているものの、同騎手は先述したように軍団化しておらず、代打で騎乗する騎手もいない。4、2走前の関東遠征時は武山軍団の三浦騎手と、乗り替わっても問題のない状況をつくり上げている。ルメール騎手が不在、戸崎騎手に先約があるのなら、康太騎手が騎乗することに、牧場サイドや馬主サイドも拒否反応を示すことはない。

優秀だといわれるエージェントは、他の騎手エージェントの動向などもしっかりと把握しているものなのである。

エージェント不在の若手騎手には、こんなリスクも…

エージェントといっても騎乗馬をこと細かく分析し、騎手をあてがう中村氏や小原氏のような場合もあれば、単に騎手のサポートに徹するのみということも珍しくない。

関西の某ベテラン騎手は一応、エージェントはいるものの、中村氏や小原氏のようにべったりと騎乗馬の確保を依頼していないという。

「北海道シリーズは滞在して自分でアテンドするという方針なので、エージェントは帯同すらしていない。現場にもやってこないという契約。それ以外では、騎乗馬を確保するというよりは、窓口として機能してもらうために契約を結んでいるのだとか。乗鞍のないベテランなので、1鞍確保するにつき、いくらという形で支払っていることもあるみたいだよ」（某スポーツ紙記者）

また、エージェントがいないベテランや若手の騎手たちは、乗り馬を確保するために、馬主に直接の営業をかけることも少なくないという。

例えば、水口騎手。彼はもともと関東でデビューしたが、乗鞍を求めて関西へ。

このパターンでは先に国分優騎手が成功していたということもあったのだが、水口騎手の場合、なかなか騎乗馬が増えなかった。一度成績を落とすと、エージェントも人数制限の問題があり、なかなか有力なバックアップが得られない。

そのため、水口騎手は調教を懸命に手伝って個人馬主を中心に営業をかけることになる。調教を手伝うことにより、**その個人馬主の騎乗馬を中心に乗鞍が回ってくる**というスタイルを取っている。同騎手の場合、馬主・山上和良氏との密接なラインは今や有名な話だ。

実は、エージェントがいない騎手の中で、この手のスタイルが増えているというのだ。

例えば、若手の荻野極騎手。所属する清水久調教師の指導の影響もあるようだが、デビュー以来、エージェントは付いていない。

彼のように乗れる若手騎手だと、エージェントからの売り込みもあったことだろう。しかし、エージェントを付けないのは調教師の指導があるのはもちろんのこと、ノーザンF系のバックアップも強いことが挙げられる。

荻野極騎手はノーザンFの外厩しがらきで調教を手伝うことも少なくないという。しがらきを手伝うことで騎乗馬を増やしていった先輩には、やはり関東からの移籍組である中谷雄太騎手が挙げられる。

中谷騎手には細川貴之氏というエージェント（他に坂井瑠星騎手）が付いているものの、こちらは矢作厩舎のマネージャーを兼ねている。つまり、エージェントといっても窓口的機能が中心といっていいだろう。

中谷騎手の場合、矢作厩舎の馬を中心に遠征するのか、ノーザンF系の馬次第で騎乗する競馬場が決まるといっていい。関東からの移籍当初は矢作厩舎の調教を手伝って、馬に乗せてもらうというスタイルを築いていた。

それと同時に行なっていたのが、ノーザンFしがらきへ赴いての調教騎乗である。奉仕活動？が認められたのか、ノーザンF生産馬には15年18鞍0勝だったものが、16年118鞍6勝、17年110鞍4勝という状況までアップ。16年は成績が下降していたとはいえ、吉田勝己氏名義（社台オーナーズ）のムスカテールで有馬記念への出走を果たしている。

中谷騎手の年間の騎乗数が４００鞍前後ということを考えると、約25～30％をノーザンF生産馬が占めている。白老FやレイクヴィラFなどの生産馬、他牧場生産のノーザンF所有馬などを含めれば30％は確実に超える数字だろう。

荻野極騎手の場合も、それに近い状況があるといっていい。ノーザンFしがらきのバックアップを受けており、同場の生産馬に騎乗する機会が増えているのだ。

ノーザンF生産馬には、デビューした16年時には18鞍1勝とそれほど騎乗していないが、17年は１５５鞍15勝まで急伸。特に17年４月から一気に騎乗数が増えている。

18年も４月29日までで、ノーザンF生産馬では【1―2―5―31】と勝ち切れていないが騎乗数は多くなっており、騎乗数の約20％が同場の生産馬だ。彼が乗れる騎手という評価を得たのは間違いないだろう。

しかし、一番の理由はエージェントがいなくて使いやすかったことに加え、ノーザンFしがらき詣でを繰り返していたことで信頼度がアップしたから……という推測も成り立つ。

ただ、18年は今までになく荻野極騎手は勝ち星が伸びていない。減量特典が☆（1キロ減）になったことなども影響しているとは思うが、ノーザンF系の馬が増えたことにより、同グループ以外の騎乗馬の質が低下しているのは否めない。

どうしてもノーザンF系の馬を優先するため、騎乗馬を選択する幅が狭くなっているのではないだろうか。

ノーザンF系は勝利に対するこだわりがとても強い。しがらきで調教を手伝って、有力馬が回ってきたとしても、勝ち切れなければすぐにリーディング上位騎手が起用される傾向にある。腕達者といわれる荻野極騎手だが、容赦なく乗り替わりとなってしまう例も少なくない。

18年はここまでノーザンF生産馬で前走：荻野極騎手→今走乗り替わりとなった馬の成績は【4―2―1―17】という状況にある。荻野極騎手はノーザンF生産馬で1勝しかしていないが、乗り替わられると4勝という厳しい現実があるのだ。

しかも、必ずしもリーディング上位騎手に乗り替わられているのではない。例えば、18年2月4日東京12R（4歳上1000万下、芝1400m）のシャンデリアハウス。

同馬は牝馬6歳でクラブの規定により、3月末での引退が決まっている。前走、1月14日中京戦で荻野極騎手が騎乗しての2着。ここで優先出走権を獲得し、出走してきたのが2月4日東京12Rだったのだ。

●2018年2月4日東京12R（4歳上1000万下、芝1400m）。荻野極騎手から浜中騎手に乗り替わったサンデーR馬シャンデリアハウスは、7番人気で快勝した。

荻野極騎手はこの日京都で騎乗しているため、鞍上に収まったのは浜中騎手。18年の浜中騎手は決して好調とはいえないのは、先述の通りである。しかし、シャンデリアハウスは前走さながらの末脚を見せて1着となった。

荻野極騎手はこの日、京都で1勝を挙げていることを考えれば、何も問題がないように映るだろう。しかし、その1勝はノーザンF生産馬以外でのもの。我々ファンには同じ1勝にしか映らないのかもしれないが、ノーザンF系の馬が中心である荻野極騎手にとってみれば、大きく意味合いが異なることだろう。

エージェントがいない以上、ノーザンF系の馬で結果を残さないと成績は尻すぼみになってしまうからだ。

結局のところ、エージェントを介在させず、特定の馬主の馬（生産牧場を含む）に騎乗するスタイルを取ると、リスクもそれなりにあるということだ。荻野極騎手の場合、ノーザンFサイドの采配により、騎手としての命運が決まってしまう。

ファンの中にはエージェントに対していいイメージを持たない御仁も少なくないだろうが、エージェントを付けずに、特定馬主の馬を優先させてしまうのも、騎手としての命運を握られてしまい、一度成績が低迷すると、なかなか浮上してこられない現状があるということも知っておいてほしい。

若手騎手はエージェントがいないと馬集めができないという批判は少なくない。しかし、エージェントを付けずに、若手が独自の営業活動をしていくのもリスクが高いのだ。

和田、松山、松若——腕利き騎手3人の場合

エージェント制の善悪はともかく、これだけ根付いてしまえば、馬券的にうまく利用をしない手はない。また関西には〝金になるエージェント〟が多いのも事実。

最近、特に目立つのが櫻井眞人氏（優馬）がエージェントを務める和田、松山、松若騎手だ。和田騎手は2017年キャリアハイとなる96勝を達成。1021鞍に騎乗するなど、とにかく乗ってとにかく勝利を挙げた。

18年は騎乗停止の影響もあり、264鞍19勝と、17年を下回る成績なのは間違いないが、もともと社台グループの馬が中心というよりは、非社台系や個人馬主への騎乗が多い騎手。3月には師匠である岩元調教師が引退した影響もあるのだろう。

また、騎乗数が増えていたノーザンF系の馬が、18年に入り減少しているのも気になる。

●和田騎手×ノーザンF生産馬の年度別成績（18年は4月29日まで）

・15年【4―7―5―49】勝率6・2％　連対率16・9％　複勝率24・6％
・16年【6―10―3―64】勝率7・2％　連対率19・3％　複勝率22・9％
・17年【14―12―14―73】勝率12・4％　連対率23・0％　複勝率35・4％
・18年【4―4―1―17】勝率15・4％　連対率30・8％　複勝率34・6％

複勝率ベースでは18年も17年と大きく変わらない成績といっていいだろう。むしろ、勝率などは若干であるが17年を上回っている。しかし、騎乗数そのものは減少傾向（レイクヴィラFや関連馬への騎乗はカウントしていない）。

騎手の成績に対しては敏感に反応するのが、ノーザンF系の特徴だといっていい。ノーザンF系の馬次第で18年の成績がどこまで伸びるかがカギとなる。

また、櫻井氏がエージェントを務める松山、松若騎手からの乗り替わりは意外と渋い結果に終わっている。

15年以降（～18年4月29日）、松山騎手からの乗り替わりは【5―9―11―70】（勝率5・3％、連対率14・7％、複勝率26・3％）と勝ち切れていない。単勝回収率は29％と低い値だ。

松若騎手からの乗り替わりに至っては【3―3―5―55】（勝率4・5％、連対率9・1％、複勝率16・7％）と、さらに低い値となっている。少なくとも年齢や実績トップの和田騎手に、

2人から乗り替わっても勝負ということではないようだ。

同様に、前走：松山騎手&和田騎手→今走：松若騎手の場合の成績も見てみることにしよう。和田騎手から松若騎手に乗り替わった際の成績は【6―4―5―60】（勝率8・0%、連対率13・3%、複勝率20・0%）。松山騎手から松若騎手へのスイッチは【11―6―6―66】（勝率12・4%、連対率19・1%、複勝率25・8%）。一見すると、即買いに見えるが、17年以降は【1―3―1―27】と冴えない状況だ。

前走：松若&和田騎手→今走：松山騎手についても同様に見てみよう。

和田騎手から松山騎手へのスイッチは【13―7―5―87】、松若騎手から松山騎手への乗り替わりは【7―8―7―60】というもの。

一定程度、グループ化しているところはあるものの、**前走：和田&松若騎手→今走：松山騎手のパターンのみ馬券が買える**状況だ。このあたりは和田騎手が本来、ノーザンF系以外の馬がメインだったこと、松若騎手は所属する音無調教師の意向が強く働くことなどが影響しているのかもしれない。

松山騎手も、もともと池添兼雄厩舎からデビューしており、それほどノーザンF色が強くない騎手ではあったが、今やノーザンF系の馬に年間100鞍乗る騎手までになっている。

17年皐月賞を制覇したアルアインはノーザンF生産馬でサンデーRの所有馬。バリバリの

サンデーRのアルアインで2017年皐月賞を勝ち、初クラシック制覇の松山騎手。

ノーザンF馬だが、皐月賞では松山騎手に白羽の矢が立てられ、見事に1着となっている。

ダービーでは短期免許の外国人騎手に乗り替わるという報道もあったが、継続騎乗し5着。その後、残念ながら乗り替わってしまったが、ノーザンFサイドから一定程度の信頼を得ているのは間違いないだろう。

エージェントとしては必ずしもグループ（軍団）化できていない状況もあり、難しい采配となる部分があるのも事実だろうが、3人とも社台グループ系が預託されている厩舎との関係性もまずまず良好。

和田騎手も数は少ないが、池江厩舎や藤原英厩舎の馬に騎乗することもあるし、友道厩舎などから外国人騎手が乗れない際に指名がかかることも結構ある。松若騎手が所属する音無厩舎には、お手馬のミッキーロケットもいる（18年天皇賞春4着）。以前ほどの騎乗数ではなくなったが、石坂厩舎とのラインもある。

松山騎手もアルアインを管理する池江厩舎や石坂厩舎では、和田騎手よりも多くの馬に騎乗しているし勝利数も多い。松若騎手が所属する音無厩舎との縁もある。

松若騎手は、音無厩舎以外のノーザンF系の馬を増やしていくのが課題となるだろう。

グループ化はされていないが、3名とも乗れる騎手だということは関西共通の認識となっているのは間違いない。さらに成績を伸ばすとしたら、3名を抱える櫻井氏のエージェント力が今後も必要となる。

ノーザンF系はどうしてもルメール、デムーロの両外国人騎手がおり、さらに川田騎手や福永騎手などが控える状況。ここにこの3名がさらにくい込んでいくのはハードルが高いというのも事実だが、平場戦やローカル場ではまだまだ成績を伸ばせそうな気配もある。

3名とも基本的に主場開催で乗る機会が多いので、どうしても馬を回し合うことが厳しい面もあると思うが、乗れる若手枠の騎手でも入ってくると、また違った展開にもなるはずだ。

北村友騎手はなぜ乗り馬に恵まれるポジションなのか

関西はよくも悪くもエージェント制度改革が行なわれても、騎手勢力図を変える大きな変動要素は今のところ見られていない。3章最後のこの項では、ガンバ大阪の元通訳という異色の経歴を持つ専任エージェント大谷博毅氏と、その担当騎手にスポットを当ててみよう。

スポーツ関連では、関東では元国体テニス選手だったという山之内寛史氏が蛯名騎手など担当していたが、現在はエージェントを辞めているようで、精力的に活動している大谷氏とは対照的だ。

大谷氏は現在、北村友、川須騎手、若手枠で加藤騎手を抱えている。名前を見ればわかる通り、基本的には次代を担う若手騎手が中心だ。小原軍団との関係も強く、ローカルで小原氏が抱える騎手から馬が回ってきたり、同じ競馬ブック系・井上政行氏担当の川田騎手らが乗れない場合に馬が回ってくる。

関東の武山軍団も同様の傾向が見られるが、同じラインのエージェントの場合、トップが抱える騎手よりも高い質の馬が回ってくることは少ない。つまり、小原軍団の福永、岩田騎手らに替わって、北村友、川須騎手らが質の高い馬に騎乗する機会は稀である。

武山軍団が全盛時の関東では、蛯名、大野、吉田隼騎手らが常に質のいい馬を確保。ある意味〝おこぼれ〟を、後輩のエージェントである澤田裕貴氏が担当していた丸田騎手などに一部回す程度だった。

エージェント制度の問題はさまざまあると思うが、エージェントそのもののヒエラルキー（序列）がハッキリしてしまっており、上位のエージェントに面倒を見てもらわないと結果が伴わないというのは大きな課題だろう。

しかし、そういった意味では北村友騎手は恵まれた環境にある。２０１８年は４月までで早くも31勝を挙げ、17年の65勝を大きく上回るペースで勝ち星を積み重ねている。小原氏が抱える福永騎手が35勝、岩田騎手が30勝なら大健闘の成績だといっていい。

しかし、実はエージェントのヒエラルキーの問題はあるにせよ、北村友騎手は意外に馬質に恵まれているのも確かなのだ。

乗り替わりの成績をまず見てみよう。確かに上位騎手にオイシイところを持っていかれてしまうことは少なくない。

前走：北村友騎手→今走：福永騎手という乗り替わりは15年以降【7―7―2―27】（勝率16・3％、連対率32・6％、複勝率37・2％、単勝回収率64％、複勝回収率65％）と、回収率以外は高い値を示している。

ノーザンF系生産馬を中心に見られる**前走：北村友騎手→今走：川田騎手**というパターンでは【7―4―1―17】（勝率24・1％、連対率37・9％、複勝率41・4％）と、福永騎手の場合よりも効率がいい。しかも単勝回収率は１０４％と、ベタ買いしても儲かる計算だ。その他にもこんなオイシイ乗り替わりパターンがある。

●前走：北村友騎手からの乗り替わり成績

・今走：戸崎騎手【7―3―2―12】
勝率29・2％ 連対率41・7％ 複勝率50・0％
単勝回収率111％ 複勝回収率77％

・今走：ルメール騎手【6―5―6―12】
勝率20・7％ 連対率37・9％ 複勝率58・6％
単勝回収率108％ 複勝回収率128％

・今走：デムーロ騎手【5―7―4―16】（
勝率15・6％ 連対率37・5％ 複勝率50・0％
単勝回収率93％ 複勝回収率91％

・今走：岩田騎手【3―3―7―20】
勝率9・1％ 連対率18・2％ 複勝率39・4％
単勝回収率43％ 複勝回収率104％

岩田騎手に乗り替わった場合は、なかなか勝ち切れていないものの、それでも複勝回収率が100%を超える値となっている。ここに掲げた騎手たちは、基本的に単勝回収率が高くならない騎手ばかり。どちらかというと、名前で人気をするタイプである。

このように、いわゆる銘柄級騎手たちが前走北村友騎手から乗り替わっただけで面白いほど単複回収率が高くなるということは、大谷氏が小原氏の人脈ということを考慮しても、北村友騎手がキープしている馬質は、思っている以上に高いということだ。

そうなると、31勝を挙げて健闘していると思いがちだが、リーディング上位騎手並みの馬質が与えられての結果だということを考えると、物足りなさが残る成績かもしれない。

実際、北村友騎手の生産者別成績を見ると驚く。

1位がノーザンFで43勝、2位が社台Fで13勝、3位がノースヒルズで6勝。この牧場名だけを見れば、他のリーディング上位騎手の名前が挙がってもおかしくないほど社台グループの牧場の馬には乗っている。

さらにノースヒルズや岡田スタッド、ダーレージャパンFなど、大手オーナーブリーダー系の牧場の馬に多く騎乗して勝ち星を挙げているのだ。

福永騎手や岩田騎手がノーザンF系の馬の騎乗数が減っていることを考えると、逆の意味で恵まれたポジションにあるのは間違いない。


もうひとつ挙げると、大谷氏のエージェント・スタイルは、騎手のグループ化（囲い込み）とは無縁のところにある。

前走：川須騎手↓今走：北村友騎手というパターンは、15年以降9鞍しかなくすべて着外。同じく前走：北村友騎手↓今走：川須騎手という組み合わせも9鞍ですべて着外。

結局のところ、抱えている騎手の囲い込みというよりは、2人とも小原氏が抱えている福永、岩田騎手が乗れなかった際におこぼれに預かるスタイルといっていい。

北村友騎手の場合はおこぼれというよりも、福永、岩田騎手がノーザンF系の馬への騎乗が減っており、一時的な避難場所？　とでもいうべきか。こうした流れからすると、大谷氏のグループは小原氏の傘下にあるといっていいだろう。

第4章 騎手エージェント馬券の攻略ポイント

戸崎、内田、藤田菜七子騎手…中村軍団の方程式①

乗り馬集めに、その騎手の実力（腕）や築き上げてきた実績が必要なのは説明するまでもない。しかし、今まで述べてきたように、エージェントの采配によって騎手の成績が大きく変化するのは間違いのない事実だ。

あれほど隆盛を誇っていたベテラン騎手でも、エージェントがいなければ、大手牧場や名門厩舎のバックアップが薄くなり、勝ち星から遠ざかる。結果が出なくても厩舎や馬主サイドをつなぎ留めておき、上位が見込める馬を常にキープしておけるかどうかが、エージェントの実力といえるだろう。

そういった意味では戸崎、内田、藤田菜七子騎手を抱える中村剛士氏の、エージェントとしての力は抜けている。２０１７年関東リーディング１位は１７１勝で戸崎騎手、２位が89勝で内田騎手だった。

17年の戸崎騎手は、秋以降に成績を伸ばせず全国リーディングの座に及ばなかった格好だが、それでも１７１勝は、関東で圧倒的成績だ。

内田騎手の89勝も健闘の部類といっていいだろう。３位田辺騎手を５勝抑えて２位をキープした。年齢的にも伸び盛りにある田辺騎手を抑え切っての２位は、内田騎手の意地はもちろんのこと、エージェントがしっかりと勝負になる馬を常に回していたということの証拠でもある。

中でも興味深いのは、戸崎、内田騎手が騎乗する厩舎数が、他の騎手に比べて多いということだ。

17年戸崎騎手は925鞍に騎乗しているが、144厩舎からの依頼を受けている。内田騎手は961鞍に騎乗し、151厩舎といった具合。東西には約200厩舎あるが、戸崎騎手で70％以上、内田騎手は約75％の厩舎の馬に乗っていた計算だ。

厩舎サイドも当然、この2人に乗せる馬には気を遣う。リーディング上位の騎手に、ハナから勝負にならない馬を回すわけにはいかないからだ。**つまり、この2人が積極的に騎乗する中堅以下の厩舎の馬は、馬券的に狙い目となることが少なくない**。中村氏の馬選びの眼力は、そのまま私たちの馬券に直結するのだ。

例えば、18年3月18日中山12R（4歳上1000万下、ダート1800m）を見てほしい。このレースで、戸崎騎手は石栗厩舎の④テイエムコンドルに騎乗している。このクラスでも2着経験のある馬だが、近3走は1秒1差6着、0秒5差7着、1秒4差5着という成績。戸崎騎手がわざわざ騎乗するタイプの馬でもないはずだ。

また、石栗厩舎は16年10勝→17年8勝と決して成績を残している厩舎ではない。しかも、戸

ト1800m良）

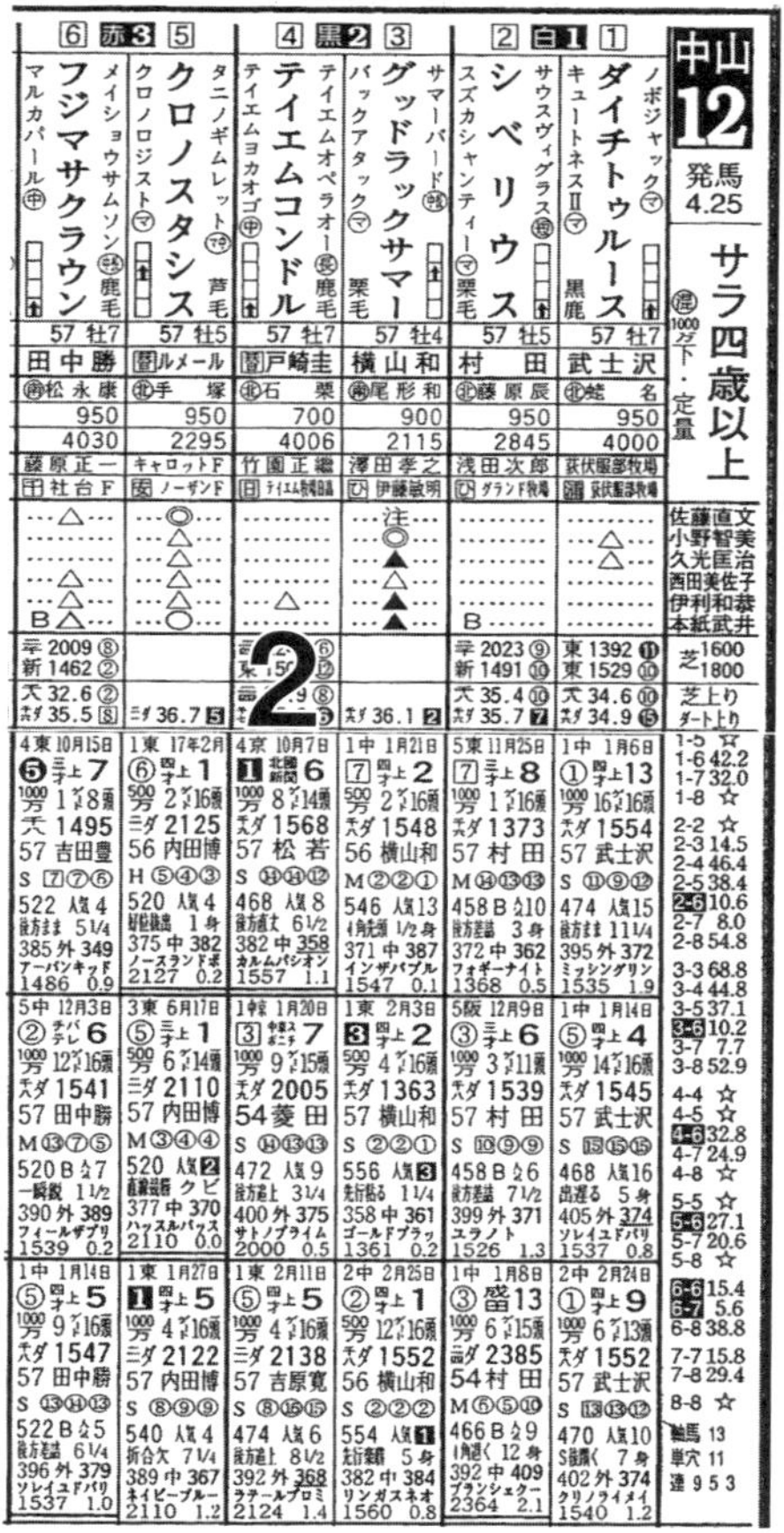

	⑥ 赤3	⑤ 赤3	④ 黒2	③ 黒2	② 白1	① 白1
父	メイショウサムソン	タニノギムレット	テイエムオペラオー	サマーバード	サウスヴィグラス	ノボジャック
馬名	フジマサクラウン	クロノスタシス	テイエムコンドル	グッドラックサマー	シベリウス	ダイチトゥルース
母	マルカパール	クロノロジスト	テイエムヨカオゴ	バックアタック	スズカシャンティー	キュートネスII
毛色	鹿毛	芦毛	鹿毛	栗毛	栗毛	黒鹿
斤量・性齢	57 牡7	57 牡5	57 牡7	57 牡4	57 牡5	57 牡7
騎手	田中勝	ルメール	戸崎圭	横山和	村田	武士沢
調教師	南 松永康	北 手塚	北 石栗	南 尾形和	北 藤原辰	北 蛯名
賞金	950	950	700	900	950	950
総賞金	4030	2295	4006	2115	2845	4000
馬主	藤原正一	キャロットF	竹園正繼	澤田孝之	浅田次郎	荻伏服部牧場
生産者	社台F	ノーザンF	テイエム牧場日高	伊藤敏明	グランド牧場	荻伏服部牧場
佐藤直文	△	◎		注		
小野智美		△		◎		△
久光匡治		△		▲		△
西田美佐子	△	△		△		
伊利和恭	△	△	△	▲		
本紙武井	B△	○		▲	B	
芝1600・1800	芋2009⑧ 新1462②				芋2023⑨ 新1491⑩	東1392⑪ 東1529⑩
芝上り・ダート上り	大32.6② ダ35.5⑧	ミダ36.7⑤		ダ36.1②	大35.4⑩ ダ35.7⑦	大34.6⑩ ダ34.9⑮
前走	4東 10月15日 ❺三才上7 1000万 1ト8頭 芝1495 57吉田豊 S⑦⑦⑥ 522 人4 後方まま 5 1/4 385外349 アーバンキッド 1486 0.9	1東 17年2月 ⑥4上1 500万 2ト16頭 ミダ2125 56内田博 H⑤④③ 520 人4 好位抜出 1身 375中382 ノースランドボ 2127 0.2	4京 10月7日 ❶北國新聞6 1000万 8ト14頭 ダ1568 57松若 S⑭⑭⑫ 468 人8 後方追上 6 1/2 382中358 カルムパシオン 1557 1.1	1中 1月21日 ⑦4上2 500万 2ト16頭 ダ1548 56横山和 M②②① 546 人13 4角先頭 1/2身 371中387 インザバブル 1547 0.1	5東 11月25日 ⑦三才上8 1000万 1ト16頭 ダ1373 57村田 M⑭⑬⑬ 458B 人10 後方差詰 3身 372中362 フォギーナイト 1368 0.5	1中 1月6日 ①4上13 1000万 16ト16頭 ダ1554 57武士沢 S⑪⑨⑫ 474 人15 後方まま 11 1/4 395外372 ミッシングリンク 1535 1.9
2走前	5中 12月3日 ②チバテレ6 1000万 12ト16頭 ダ1541 57田中勝 M⑬⑦⑤ 520B 人7 一瞬脚 1 1/2 390外389 フィールザプリ 1539 0.2	3東 6月17日 ⑤三才上1 500万 6ト14頭 ミダ2110 57内田博 M③④④ 520 人2 直線競り勝 クビ 377中370 ハッスルバッス 2110 0.0	1中京 1月20日 ③中京スポニチ7 1000万 9ト15頭 ダ2005 54菱田 S⑭⑬⑬ 472 人9 後方追上 3 1/4 400外375 サトノプライム 2000 0.5	1東 2月3日 ❸4上2 500万 4ト16頭 ダ1363 57横山和 S②②① 556 人3 先行粘る 1 1/4 358中361 ゴールドブラッ 1361 0.2	5阪 12月9日 ③三才上6 1000万 3ト11頭 ダ1539 57村田 S⑩⑨⑨ 458B 人6 後方差詰 7 1/2 399外371 ユラノト 1526 1.3	1中 1月14日 ⑤4上4 1000万 14ト16頭 ダ1545 57武士沢 S⑮⑮⑮ 468 人16 出遅る 5身 405外374 ソレイユドパリ 1537 0.8
3走前	1中 1月14日 ⑤4上5 1000万 9ト16頭 ダ1547 57田中勝 S⑬⑭⑬ 522B 人5 後方差詰 6 1/4 396外379 ソレイユドパリ 1537 1.0	1東 1月27日 ❶4上5 1000万 4ト16頭 ミダ2122 57内田博 S⑧⑨⑨ 540 人4 折合欠 7 1/4 389中367 ネイビーブルー 2110 1.2	1東 2月11日 ⑤4上5 1000万 4ト16頭 ミダ2138 57吉原寛 S⑧⑮⑮ 474 人6 後方追上 8 1/2 392外368 ラテールプロミ 2124 1.4	2中 2月25日 ②4上1 500万 12ト16頭 ダ1552 56横山和 S②②② 554 人1 先行押切 5身 382中384 リンガスネオ 1560 0.8	1中 1月8日 ③習志野13 1000万 6ト15頭 ミダ2385 54村田 M⑥⑤⑩ 466B 人9 4角退く 12身 392中409 ブランシェクー 2364 2.1	2中 2月24日 ①4上9 1000万 6ト13頭 ダ1552 57武士沢 S⑬⑬⑫ 470 人10 S後離く 13 402外374 クリノライメイ 1540 1.2

中山 12 発馬 4.25 サラ四歳以上 （混）1000万下・定量

1-5 ☆	2-2 ☆	3-3 68.8	4-4 ☆
1-6 42.2	2-3 14.5	3-4 44.8	4-5 ☆
1-7 32.0	2-4 46.4	3-5 37.1	4-6 32.8
1-8 ☆	2-5 38.4	3-6 10.2	4-7 24.9
	2-6 10.6	3-7 7.7	4-8 ☆
	2-7 8.0	3-8 52.9	
	2-8 54.8		
5-5 ☆	6-6 15.4	7-7 15.8	8-8 ☆
5-6 27.1	6-7 5.6	7-8 29.4	
5-7 20.6	6-8 38.8		
5-8 ☆			

軸馬 13　単穴 11　連 9 5 3

崎騎手を起用するのは、16年7月31日札幌10Rハツガツオ（5番人気10着）以来となる。

仮に厩舎サイドがテイエムコンドルの状態がよく勝負になると思っていても、普通のエージェントなら断っていた可能性すらある。

しかし、中村氏は常日頃から「2人にはまったく勝負にならない馬は乗せないよ」と語っているという。その言葉を額面通りに受け止めるのであれば、テイエムコンドルは勝負になるか

2018年３月18日中山12Ｒ（４歳上1000万下、ダー

16	桃8 15	14	橙7 13	12	緑6 11	10	黄5 9	8	青4 7
アイルハヴアナザー㊥ コトブキホーク エヴァ(マ) 黒鹿	カネヒキリ㊥ リョウランヒーロー ヴィジョンサクラ(マ) 黒鹿	ディープインパクト(輸) ロードプレミアム インディアナギャル㊥ 黒鹿	ゼンノロブロイ(輸) ピックミータッチ レジェンドトレイル(マ) 鹿毛	ブラックタイド㊥ アスタリスク エンゼルジョーカー(マ) 鹿毛	アイルハヴアナザー㊥ アナザートゥルース キョウエイトルース(マ) 栗毛	シンボリクリスエス(輸) (地)トーホウリーガル トーホウクラウン(マ) 青鹿	ダイワメジャー(マ中) シャムロック ホットレッグス(マ) 栗毛	パイロ(マ中) エグジットラック トレノローザ(マ) 栗毛	ストーミングホーム(輸) (地)エターナルヒーロー エイダイヒロイン㊥ 黒鹿
57 牡4	57 牡4	57 牡5	57 騸5	57 牡5	57 騸4	57 牡5	57 牡4	57 牡4	57 騸8
横山典	(替)菱田	(替)三浦	(替)M.デムーロ	田辺	大野	(替)勝浦	石橋脩	内田博	宮崎
(北)金成	(北)小野次	(南)斎藤誠	(北)藤沢和	(南)奥村武	(北)高木	(南)古賀史	(北)小笠	(南)田村	(北)粟田博
900	900	700	950	950	900	550	900	900	780
1635	1845	2570	2650	2815	1320	1525	1460	1530	4110
尾上松壽	佐藤啓子	ロードＨＣ	山本英俊	石川達絵	ノルマンディーTR	東豊物産	いとはんＨＤ	戸賀智子	岡田牧雄
(田)社台Ｆ	(日)米田牧場	(日)ケイアイＦ	(安)ノーザンＦ	(日)山際智	(日)岡田Ｓ	(日)竹島幸治	(千)社台Ｆ	(門)清水牧場	(むか)東振牧場
………… ………… …△… ………… ………… …………	…△… ………… ………… ………… ………… …………	………… …△… …◎… …▲… …△… …△…	…△… …注… …○… …◎… …◎… …◎…	…○… …○… ………… …○… …注… …△…	…△… …▲… …△… …注… …◎… …注…	………… ………… ………… ………… ………… …………	…△… …△… …△… ………… ………… …△…	…▲… ………… …注… ………… …△… …△…	………… ………… ………… ………… ………… …………
東 1394 ⑪ 東 1504 ⑦		京 1328 ③ 阪 1458 ①	東 1348 ④ 福 1476 ⑪	函 1257 ⑩	**1**	新 2082 [8]	**3**		福 1551 [16]
天 34.4 ⑦ 三ダ 35.7 [1]	天ダ 36.9 [10]	天 33.7 ① 芸ダ 38.2 ⑧	天 33.5 ① 天ダ 37.6 ①	函 35.0 ⑩ 天ダ 36.7 [3]	天ダ 3[illegible]3 ⑩	新 35.7 [8] 毛ダ 37.6 [1]	天[illegible] ⑧	天ダ 35.7 [11]	天 39.4 [16] 天ダ 35.3 [7]
4東 10月21日 [6] 三才上 1 500万 3ゲ12頭 三ダ 2098 55 横山典 S ⑩⑨⑧ 480 人気4 後方追込 1/2身 387 外 357 バレッティ 2099 0.1	1中京 1月21日 ④ 四才上 1 500万 13ゲ15頭 天ダ 2016 53 横山武 S [10]⑨⑥ 480 人気6 G前競勝 ハナ 386 中 380 フランドル 2016 0.0	5東 11月26日 ⑧ オリエン 4 1000万 8ゲ17頭 天 1472 55 ムーア S ⑥⑥⑤ 490 人気[3] 中位差詰 2 3/4 367 中 346 サンティール 1468 0.4	2札 9月3日 ⑥ 三才上 3 500万 1ゲ14頭 天 1507 57 ルメール M [11]⑪⑦ 504 人気[1] 中位伸 3/4身 384 外 365 コーカス 1506 0.1	4中 9月17日 [4] 三才上 1 500万 2ゲ15頭 天ダ 1529 57 戸崎圭 M ①①① 470 人気[1] 逃切る 1 3/4 365 内 389 ペイシャボム 1532 0.3	2東 5月14日 ❽ [illegible] 10 オープン 12ゲ14頭 天ダ 1363 56 大野 M ⑥⑦[8] 476 人気4 直線不利 6 3/4 353 中 363 サンライズソア 1352 1.1	3福 11月3日 [1] 三才上 1 500万 6ゲ13頭 毛ダ 1467 57 吉田豊 S ⑥⑨⑧ 526 人気5 中位鋭伸 1 3/4 375 内 376 アルーフクライ 1470 0.3	4中 9月16日 ③ 三才上 1 500万 8ゲ16頭 天ダ 1547 54 吉田豊 M ⑫⑫⑪ 498 人気8 後方一気 1 1/4 388 外 382 ギンザマトリッ 1549 0.2	4中 9月30日 [8] 三才上 1 500万 4ゲ16頭 天ダ 1525 54 柴山雄 S ⑬⑨⑧ 504 人気9 直線一気 1身 389 中 374 カブキモノ 1527 0.2	2東 5月13日 [7] 四才上 5 1000万 10ゲ16頭 天ダ 1369 57 江田照 S [15]⑭⑫ 470 人気14 後方差詰 6 1/4 371 外 359 シュナウザー 1359 1.0
5東 11月18日 ⑤ 伊勢佐木 8 1000万 1ゲ16頭 三ダ 2129 53 横山典 S ⑮⑮⑮ 484 人気4 後方直大 3 1/4 406 外 361 サンホップス 2123 0.6	1東 2月11日 ⑤ 四才上 9 1000万 13ゲ16頭 三ダ 2144 56 横山和 S ⑧⑩⑩ 486 人気14 中位まま 11 3/4 390 内 379 ラテールプロミ 2124 2.0	5阪 12月9日 ③ 三才上 6 1000万 12ゲ12頭 天外 1360 57 川田 S ②②② 488 人気5 先行一息 3 1/4 367 中 344 ソーグリッタリ 1355 0.5	4東 10月28日 ⑧ 三才上 8 500万 2ゲ12頭 天 1478 57 ルメール S [11]⑪⑪ 506 人気[2] 出遅る 6身 381 中 349 ヒストリア 1469 0.9	5中 12月10日 ④ 三才上 4 1000万 1ゲ16頭 天ダ 1536 57 田辺 M ⑩⑪⑨ 470 人気8 中位差詰 7身 383 内 383 フェニックスマ 1525 1.1	5中 12月10日 ④ 三才上 9 1000万 7ゲ16頭 天ダ 1548 56 大野 M ③③② 482 人気5 好位一杯 14 1/4 369 中 408 フェニックスマ 1525 2.3	5中 12月3日 ② チバテレ 10 1000万 13ゲ16頭 天ダ 1554 57 吉田豊 M ⑪⑪⑩ 530 人気12 中位一杯 8 3/4 386 外 400 フィールザブリ 1539 1.5	4東 10月7日 ❶ [illegible] 8 1000万 9ゲ16頭 天ダ 1361 55 吉田豊 S ⑭⑭⑭ 496 人気11 後方差詰 1 1/2 373 中 345 サクラルコール 1359 0.2	4東 10月22日 [7] 三才上 11 1000万 12ゲ14頭 天ダ 1381 55 柴山雄 S ⑭⑭⑭ 506 人気7 後方まま 5 1/2 377 中 357 エニグマ 1372 0.9	3東 6月4日 ② [illegible] 13 1000万 7ゲ16頭 天ダ 1394 57 江田照 S [16]⑭⑩ 472 人気13 後方まま 11 1/4 379 外 372 シュナウザー 1374 2.0
1東 1月27日 [1] 四才上 9 1000万 3ゲ16頭 三ダ 2127 56 横山典 S [15]⑭⑭ 484 人気7 出遅る 10身 399 外 369 ネイビーブルー 2110 1.7	2中 2月24日 ① 四才上 5 1000万 3ゲ13頭 天ダ 1547 56 横山和 S ③③③ 484 人気11 好位一息 4 1/2 383 内 382 クリノライメイ 1540 0.7	1東 2月18日 ⑧ 大島 8 1000万 8ゲ15頭 孟ダ 1270 57 岩田康 M ⑥⑥⑥ 496 人気6 中位まま 7 3/4 365 中 382 ターゲリート 1257 1.3	1東 2月17日 ⑦ 四才上 1 500万 1ゲ16頭 天ダ 1387 55 武藤 M [16]⑪⑤ 512 人気7 楽抜出 1 1/2 371 外 376 フィスキオ 1389 0.2	1中 1月14日 ⑤ 四才上 3 1000万 13ゲ16頭 天ダ 1545 57 田辺 S ②①① 476 人気[3] 3角先頭 4 3/4 378 内 388 ソレイユドパリ 1537 0.8	3ヵ月余 放牧 乗込み4週間 仕上り○ 連対体重 476キロ 3ヵ月以上休 ①②③外 1 0 0 1	5中 12月28日 ⑨ YJS2 13 1000万 8ゲ14頭 天ダ 1562 57 鈴木祐 H ⑩⑨⑩ 534 人気10 中位一杯 13身 382 中 418 メイプルレイン 1540 2.2	1中 1月6日 ① 四才上 10 1000万 1ゲ16頭 天ダ 1551 56 石橋脩 S ⑭⑬⑨ 500 人気9 3角退 10身 400 外 367 ミッシングリン 1535 1.6	1中 1月6日 ① 四才上 7 1000万 11ゲ16頭 天ダ 1547 56 内田博 S ⑬⑪⑨ 508 人気7 中位差詰 7 1/2 398 中 364 ミッシングリン 1535 1.2	1東 2月12日 ⑥ 四才上 15 1000万 8ゲ16頭 天ダ 1389 57 宮崎 M ⑮⑮⑮ 484 人気16 後方まま 5 3/4 377 外 369 リヴェルディ 1379 1.0

１着⑪アナザートゥルース　（５番人気）

２着④テイエムコンドル　（９番人気）

３着⑨シャムロック　（11 番人気）

単⑪ 890 円　複⑪ 340 円　④ 660 円　⑨ 1210 円

馬連④－⑪ 15940 円　馬単⑪→④ 23980 円

３連複④⑨⑪ 150520 円

３連単⑪→⑨→④ 762090 円

らこその騎乗と考えることができる。

同馬を巡る細かい経緯はわからないものの、**中村氏が「勝負になる馬」だと判断して騎乗させたというのは間違いないはずだ**。少なくとも1年半ぶりに石栗厩舎の馬に乗せる価値があると、判断しての起用だったのではないだろうか。

近走着順がイマイチだったテイエムコンドルは、このレースでは9番人気（31・9倍）とまったく人気がない。リーディング上位の戸崎騎手が騎乗するというだけで、単勝はそこそこ売れる傾向があるのだが……同馬は最終的に単勝30倍以上をつける穴馬の域を出ない馬だった。

テイエムコンドルは結果、先に抜け出した⑪アナザートゥルース（5番人気、8・9倍）をクビ差捕まえられずに2着。3着には⑨シャムロック（11番人気、43・5倍）が入り、3連複15万520円の超特大配当を獲得することができたのだ（オビに掲載の馬券）。

もちろん、この3連複は5番人気に留まっていたアナザートゥルースや、テイエムコンドルよりさらに人気のなかった3着シャムロックも押さえることができての的中劇だったのは間違いない。

しかし、「戸崎騎手が石栗厩舎の馬に騎乗」という珍しい現象を分析できれば、軸にすることは可能だったのではないだろうか。3連単76万馬券や3連複が無理でも、馬連1万5940

円、馬単2万3980円なら的中できる可能性もあったはずだ。

ちなみにテイエムコンドルの次走は4月14日中山12R利根川特別だった。前走2着で引き続き戸崎騎手が騎乗したのにも関わらず、6番人気（9・0倍）という、まだまだオイシイ状況。

結果、戸崎コンドルは見事1着、3着には前走でも馬券に絡んだ⑬シャムロック（この馬も7番人気、10・9倍というオイシイ存在）。14番人気（88・3倍）で2着した②ハシカミさえ拾えれば、馬連3万2570円や、馬単4万8810円、3連複5万6830円、3連単42万3960円といった馬券が当たっていた可能性もある。1―3着のワイドだけでも1010円ついた。本書スタッフは最初、ハシカミもヒモに取ろうと思っていたのだが、陣営のコメントが悲観的だったため買わなかったという（残念！）。

それはさておき、前走2着で同条件を走るテイエムコンドルの単勝9倍というオッズは、悪い配当ではなかっただろう。

戸崎、内田騎手の実力の高さは説明するまでもないが、その裏では中村エージェントがあらゆる厩舎の馬をしっかりとチェックし、勝負になるタイミングで2人を起用している。

これは、騎乗馬の戦歴をチェックするだけでも推理することができる。その中にはテイエムコンドルのようなオイシイ馬もいるということだ。

戸崎、内田騎手の2人が、いかに中堅以下の厩舎の馬で成績を残しているのか、もう少し深く検証していくことにしよう。

中村軍団の方程式②…戸崎、内田騎手の使い分け

内田騎手の場合、騎乗数、騎乗厩舎数は戸崎騎手を上回る。しかし、大きく異なるのが関西馬での結果だ。

●内田騎手2017年総合成績
【89―79―91―702】勝率9・3% 連対率18・6% 複勝率27・0%
・関西馬
【11―13―20―141】勝率5・9% 連対率13・0% 複勝率23・8%

勝利数だけで比較すると、関西馬での勝利は全体成績の12・5%程度しかないのだ。騎乗数ベースでは約20%ということになる。

ところが戸崎騎手の場合、17年に挙げた171勝のうち42勝が関西馬によるもの。率ベースに直せば、約25％という割合になる。騎乗数で計算すれば約30％が関西馬という割合だ。

1年間で騎乗した厩舎数は内田騎手が151厩舎に対し、戸崎騎手が144厩舎。関西馬の割合が少ない内田騎手は、より関東の中堅以下の厩舎の馬に乗っていることになる。

ここでは特に、そんな内田騎手のオススメのポイントを検証することにしよう。

17年10勝以下の厩舎で目立つ成績を残しているのが**黒岩厩舎**。同厩舎とのコンビでは【7－2－2－27】という成績（17年1月5日～18年4月15日）で、単複回収率は目立つものではないが、1、2番人気に推された場合【6－1－1－3】と勝ち切っているのがわかる。

特に1番人気馬では【5－0－0－1】。黒岩厩舎は17年8勝と苦戦したが、そのうちの6勝が内田騎手による。そのうち4勝が1番人気馬によるものだった。つまり、内田騎手は黒岩厩舎にとって最後の切り札といっていい存在だ。

また、内田騎手にとっても黒岩厩舎は力が入る厩舎だろう。というのもデータ集計期間内では、戸崎騎手は黒岩厩舎の馬に2鞍しか騎乗しておらず、いずれも着外に終わっている。

戸崎騎手を積極的に起用していない厩舎というのは、内田騎手も意識しているのは間違いない。

エージェントが同じだと、メインで騎乗する厩舎などは、ある程度偏るもの。戸崎、内田騎手を併用している厩舎も少なくない。

しかし、内田騎手にしてみれば、戸崎騎手は大井競馬時代の後輩。エージェントである中村氏も最初は内田騎手専属だったといっていい。南関時代の実績も内田騎手が戸崎騎手よりも上。年齢が違うとはいえ、後輩に大差をつけられている現状には複雑な思いがあるに違いない。

そういった意味で、**内田騎手にとって、戸崎騎手の騎乗数が少ない美浦の中堅以下の厩舎は、貴重な騎乗馬の供給源**といっていい。裏を返せば、中村氏がそれだけ多くの厩舎や馬に目を光らせているということだろうか。

内田騎手の騎乗数や勝利数がそれなりにあって、戸崎騎手の騎乗数の少ない美浦の中堅以下の厩舎は、他に伊藤大、加藤和、小野、古賀史、竹内、田中清、天間、柄崎、本間厩舎といったところが挙げられる。

小野、古賀史厩舎はデータ集計期間内では、戸崎騎手の騎乗数がゼロだった。地方競馬に所属していた時代の馬主との絡みなどの関連もあるのかもしれないが、同じエージェントでも起用される厩舎や騎乗する馬質に違いがあるのは確かなのだ。

一方、戸崎騎手を多く起用し、内田騎手がそれほど乗らない美浦の中堅以下の厩舎には、池上、萱野、高橋義厩舎といったところが挙げられる。戸崎騎手のほうがそういった厩舎の割合が少ないのがわかるだろう。

つまり、それだけ内田騎手にとって、中堅以下の関東厩舎が騎乗数や勝ち星を挙げるための生命線になっているということだ。

また、2人が併用的に起用される中堅以下の厩舎は小笠、大和田、高市、田島俊、田中剛、土田、堀井、松永康、的場、水野厩舎といったところが挙げられる。

馬券的には、戸崎騎手が内田騎手よりも優先起用される厩舎よりも、ここがポイントとなる。ただ、そうした厩舎ではいわゆる馬の回し合いが行なわれていないのも特徴的。

2人を併用して起用するというと、騎乗馬を回し合っているイメージを持つことだろう。しかし、ほとんどの場合、馬券になるのは主戦が戸崎騎手か内田騎手にハッキリと分かれている場合が少なくないのだ。

2人が交互に騎乗したりするような馬は、意外と厳しい結果が待っている。それは次項で触れる、2人の乗り替わりについて見れば納得できるだろう。

中村軍団の方程式③…戸崎・内田セット馬券の裏には

同じエージェントであれば、いわゆる騎乗馬の回し合いは頻繁に起こる。

関西では全盛時の小原軍団ではよく見られた現象だし、現在も競馬ブックの井上政行氏をエージェントとしている川田騎手とＭ・デムーロ騎手の間で、馬が行ったり来たりしている現実もある。

もちろん戸崎、内田騎手、そして２０１７年末に中村軍団入りした藤田菜七子騎手との間にも、馬の回し合いが存在している。ただ、前項でも少し触れたように、２人が交互に騎乗したりするような馬は、意外と厳しい結果が待っている。少なくとも「前走・戸崎→今走・内田騎手」というパターンは買いづらい。

●前走・戸崎→今走・内田騎手
【6―7―7―46】勝率9・1％　連対率19・7％　複勝率30・3％

回収率では、単勝62％、複勝65％と低調。データ集計期間内で内田騎手の勝率は9・4％なので、まあ変わらないといえば変わらない値なのかもしれないが、関東リーディングトップである戸崎騎手の馬が回ってきたところで、成績がアップするわけではないのだ。

一方、「前走・内田→今走・戸崎騎手」の場合は〝ある条件〟を満たせば買えるケースが多い。

●前走・内田→今走・戸崎騎手

【8—9—4—26】勝率17・0％　連対率36・2％　複勝率44・7％

こちらの回収率は単勝76％、複勝77％なので、まあ馬券を買ってもいい乗り替わりだといっていいだろう。

さらに、**未勝利、500万下で優先出走権（前走2～5着で中4週以内）あり**という条件を満たせば、【4—3—2—9】という具合で、複勝率は50％までアップするのだ。

現在の戸崎騎手や内田騎手は、関西圏への遠征が多いタイプではない。そのあたりのことを考えると、勝てそうなチャンスの高い馬は優先的に戸崎騎手へ回しているというのが、データからも見て取れる。

ただ、露骨に戸崎騎手に乗り替わらせるわけにもいかない。そこはエージェントの腕が問われることだろう。

少し古い例だが、17年6月24日東京12Rの馬柱と結果を見てほしい。

1着になったのは1番人気(3・0倍)に推され、前走内田騎手から戸崎騎手に替わった③ショウナンアンセム。降級戦を5着に負けて、戸崎騎手が起用された馬だ。

優先出走権を所有し、中1週での出走となる。東京開催を主体に使われている馬で、春のロングラン開催最後となる週にはぜひとも勝ちたい馬のはず。そこで非情にも戸崎騎手へスイッチしてきたことが読み取れる。

中村氏の狙い通り、ショウナンアンセムは1着になった。しかし、ポイントは3着に入った⑪スターオブペルシャだろう。同馬は2番人気(3・1倍)に推されていた馬。こちらの鞍上は内田騎手なのだ。

ショウナンアンセムから単純に内田騎手を降ろしてしまったのでは、騎手のプライドを傷つけてしまう。このような乗り替わりが続けば、少なくとも騎手本人のモチベーションを下げてしまうのは間違いないだろう。

そこで、ショウナンアンセムほどではないが、勝負になる馬を内田騎手にも用意したというところが、中村氏のエージェントとしての腕の確かさでもあり、目利きの鋭さなのだ。

スターオブペルシャはもともと1000万下でも2、3着があるように、500万下では格上の存在。しかし、前走は約6ヵ月振りの影響もあったのか、降級戦にも関わらず6着に敗れてしまった（鞍上は北村宏騎手）。

厳密にいえば、優先出走権を失っている状態だ。しかし、このレースではフルゲート18頭に対して出走したのは16頭という具合。実力を考えれば上のクラスでも連対していた馬であり、叩き2戦目、巻き返しても不思議はない。

騎手の立場になれば、ショウナンアンセムに乗れなくてもスターオブペルシャに乗れるのであれば、大きくプライドは傷つかないはずである。しかも、同馬を管理するのは名門の藤沢和厩舎。露骨な乗り替わりを極力避けつつ、成績を残させるのがエージェントを務める中村氏の凄さでもある。

2人が1～3着圏内に同時に入ることも、結構目立つ。データ集計期間内に2人が同じレー

2 3	6 11
ジャングルポケット	ダイワメジャー
ショウナンアンセム	スターオブペルシャ
ヴォラドーレス	ターフローズ
芦毛	栗毛
57 牡4	57 騸4
戸崎圭	内田博
田中剛	藤沢和
450	450
4430	3775
(有)湘南	社台RH
森永牧場	社台F
○◎○◎○○	◎○▲○◎▲
1 中 [illegible] ①	3 杉 [illegible] ⑥
東 [illegible] ④	東 [illegible] ①
中 [illegible] ②	中 [illegible] ④
東 [illegible] ⑫	東 [illegible] ④
2東 4月23日	4東 10月16日
②四才上 2	⑤神奈新聞 2
500万 13ゲト13頭	1000万 5ゲト15頭
芝1340	芝1216
57 内田博	54 柴田善
M⑪⑨⑨	M⑫⑬⑬
476 人気2	506 人気1
後方伸 1 1/2	後方伸 3/4身
357 中 349	356 外 343
エンジニア 1338 0.2	アルジャンテ 1215 0.1
2東 5月13日	5東 11月6日
❼四才上 1	②三才上 5
500万 10ゲト18頭	1000万 10ゲト12頭
芝1233	芝1344
57 内田博	56 戸崎圭
M⑬⑮⑬	S⑤②①
478 人気1	508 人気2
後方一気 2 1/2	好位一息 3 1/2
364 外 354	359 中 354
グリニッチヴィ 1237 0.4	サーブルオール 1339 0.5
3東 6月10日	3東 6月3日
③三才上 5	①三才上 6
500万 2ゲト18頭	500万 16ゲト17頭
芝1221	芝1221
57 内田博	57 北村宏
S⑧⑥⑦	S⑦⑥④
478 人気1	498 人気1
脚余す 3 1/4	外々回る 1 1/4
355 中 351	361 外 343
ナンヨーアミー 1216 0.5	ジェイラー 1219 0.2

●2017年6月24日東京12R（3歳上500万下、芝1400m）。1、3着を占めた中村軍団。2着には9番人気プラトリーナが入線し、3連単は3万6410円に。

スに騎乗したのは822レースあった。そのうち78レースで2人が同時に馬券となっている。これは**2人のワイドないしは2頭軸の3連複、3連単**を購入していれば、10レースに1レースは的中する計算だ。

18年3月11日の中山開催では、3レースで2人が同時に馬券となっている。

●3月11日中山

中山1R…2人とも騎乗ナシ

中山2R…内田騎手1着　戸崎騎手10着

中山3R…内田騎手6着　戸崎騎手ナシ

中山4R…内田騎手1着　戸崎騎手2着

中山5R…内田騎手14着　戸崎騎手5着

中山6R…内田騎手4着　戸崎騎手3着

中山7R…内田騎手15着　戸崎騎手9着

中山8R…内田騎手ナシ　戸崎騎手4着

中山9R…内田騎手7着　戸崎騎手11着

中山10R…内田騎手2着、戸崎騎手3着
中山11R…内田騎手3着、戸崎騎手2着
中山12R…内田騎手7着　戸崎騎手2着

この時期の戸崎騎手は、決して好調とはいえない時期で、勝ち星が伸びずに悩んでいた時期でもある。それでも2、3着に持ってきて、なんとかメンツを保っていた状況だろう。

内田騎手も戸崎騎手に負けたくないという一心なのか、奮闘が目立っていた。少なくとも2人が騎乗しているレースでは、内田騎手が軸なら戸崎騎手をヒモに、戸崎騎手が軸なら内田騎手をヒモに入れておくことをオススメする。

中村軍団の方程式④…躍進！菜七子騎手の陰に〝この男〟

中村氏の優秀さを示すエピソードは他にもある。なんといっても2017年末から同氏が面倒を見るようになった藤田菜七子騎手の騎乗馬を見れば明らかだ。

16年のデビュー以来、着実に成績を伸ばしている同騎手は18年もすでに6勝と、1年目と同じ数字を記録しているし、このままのペースでいけば17年14勝を上回る計算だ。
中でもエージェントが代わってハッキリしたのが、**関西馬への騎乗数の増加**。

・17年関西馬成績
【3―6―1―31】勝率7・3％　連対率22・0％　複勝率24・4％
・18年関西馬成績
【4―2―0―38】勝率9・1％　連対率13・6％　複勝率13・6％

この数字を見て、勝率以外は成績を落としていると思ったアナタは甘い。17年関西馬の騎乗数は41鞍。対して18年は4月15日終了時点で44鞍に騎乗、早くも17年に挙げた3勝を上回って4勝を記録。

17年は関西馬といっても、非社台系の馬が多く、菜七子騎手とのコンビで2勝を挙げたコパノアラジンを管理する田所厩舎や、オンワードハンターの村山厩舎といった中堅どころが中心。ところが、12月にエージェント交替が発表されると、上位で社台グループの馬を多く抱える音無、藤岡厩舎などからの依頼があったのだ。

中村氏といえば、すでに触れたように、戸崎、内田騎手に対して多くの厩舎から馬を集めていることで知られている。その様子を見つつ、菜七子騎手にも馬を回したり営業しているのは間違いないだろう。

18年は先述の今まで騎乗経験のなかった厩舎の馬も集まり、すでに関西厩舎だけで30厩舎に騎乗している。17年は東西合わせて、84厩舎の馬に騎乗していたが（382鞍）、18年はもう80厩舎の馬に騎乗（160鞍）。全体の騎乗数も17年を上回る勢いだし、厩舎数も100を超える勢いだ。

まもなく▲3キロ減から△2キロ減になってしまう影響はあるとは思うが、少なくとも3キロ減の間は、菜七子騎手に敏腕エージェントが勝負になりそうな馬を回してくるはずである。特にローカル中心に要注意だ。

デムーロ、川田騎手と鮫島厩舎の法則

馬券的な意味でいえば、M・デムーロ騎手と川田騎手のエージェントを務める井上政行氏（競馬ブック）にも注目だ。

デムーロ騎手は２０１６年10月にエージェントを豊沢信夫氏（競馬ニホン）から現在の井上氏に変更している。

井上氏は川田騎手のエージェントを務める以外にも、鮫島厩舎のレーシングマネージャー的な役割を果たしていることでも有名な方だ。ちなみに、先ほど紹介した中村剛士氏も、最近、美浦のある若手厩舎のレーシングマネージャー役を今春から務めるようになったという。

エージェントが厩舎のそうした活動を支えるメリットはさまざまあるだろう。

エージェント側から考えた場合、ある程度の成績が残せる厩舎であれば、ひとつの拠点になるからだ。レーシングマネージャー役を兼ねていれば、ローテーションなども組みやすい。一方、厩舎サイドも強力な騎手を抱えているエージェントを陣営に迎え入れれば、騎手の手配が楽になる。

実際、井上氏をエージェントとしているデムーロ騎手と、鮫島厩舎の関係を見ていくことにしよう。

デムーロ騎手は、前エージェントの下では鮫島厩舎の馬にほとんど乗る機会はなかった。15年は２鞍、16年は交代前まで騎乗がなかった（交代後に７鞍に騎乗）。これが17年になると……。

●デムーロ騎手×鮫島厩舎の17年成績
【11―5―2―12】勝率36・7％　連対率53・3％　複勝率60・0％
単勝回収率144％　複勝回収率101％

今でこそ珍しくなくなったコンビだが、エージェントが交代したことにより、強力なタッグとなっている。

例えば、鮫島厩舎の管理馬で17年エリザベス女王杯を勝利したモズカッチャンは、もともと和田騎手が主戦を務め、オークスで2着に入ったほどの実力馬。ところが、秋緒戦のローズSからデムーロ騎手に乗り替わり。この交代劇は、鮫島厩舎と井上氏の強力な関係に起因するものと想像がつく。

また、オークス時にデムーロ騎手に乗り替わらなかったのは、同騎手にアドマイヤミヤビというお手馬がいたからではないだろうか。

アドマイヤミヤビはノーザンF生産馬で先約があったのだ。同馬が故障し秋に有力なお手馬がいなくなったことで、モズカッチャンとのコンビが結成されたのだろうが……アドマイヤミヤビに替わるノーザンF馬の依頼を受ける前に、井上氏がさっさとモズカッチャンを押し込んだといったら穿《うが》ちすぎか。

先ほどの藤田菜七子騎手ではないが、エージェントが交代すれば確実に馬質や勝負パターンは変化していく。実際、デムーロ騎手がエージェントを井上氏に交代してから、鮫島厩舎や（同エージェントの）川田騎手との関係が密接になった。さあ、我々はそれを馬券に活かすには、どうすればいいだろうか。

デムーロ、川田騎手&鮫島厩舎のポイントをまず挙げておく。

17年1月5日～18年4月15日終了時点で、同厩舎の成績は【36―32―32―274】（勝率9・6%、連対率18・2%、複勝率26・7%）というもの。

そのうちデムーロ騎手は【13―7―3―18】（勝率31・7%、連対率48・6%、複勝率56・1%）と極めて高率だ。厩舎の勝利数の約40%が、デムーロ騎手でのものだ。中でも**継続騎乗時が【7―4―2―7】という成績で、複勝率は65%**もあるのだ。

データ集計期間後のレースだが、18年4月22日東京7R（4歳上500万下、芝2000m）が直近例として挙げられる。このレースでデムーロ騎手は⑬ハギノアレスに騎乗。2走前からの3連続騎乗で、前走でも2着に入っている馬だが、最終的に3番人気（単勝3・9倍）というオッズだった。

3倍台の3番人気馬とはいえ、デムーロ騎手で前走2着馬が1番人気とならなかったのはオイシイのかもしれない。結果、1番人気（2・9倍）⑫アグレアーブルを抑えて1着となった。

これでハギノアレスは10走中8走までが、デムーロ騎手が手綱を取ったことになる。

ここに来て、鮫島厩舎はデムーロ騎手が勝負騎手になりつつあるのは間違いないようだ。というのも、本来の主戦騎手だった川田騎手で勝てなくなっているからだ。

データ集計期間の1年4カ月で川田騎手&鮫島厩舎のタッグは【1―12―11―30】というもので、わずかに1勝。2、3着に取りこぼしているだけといえば、その通りなのだが、あまりにも勝ち切れていない。ただし、複勝率は44・4%、複勝回収率221%と高い値を示しており、複軸やヒモには必須だろう。


井上氏は過去に安藤勝己元騎手を担当していたこともあるエージェントだ。その際、量より

●2018年4月22日東京7R（4歳上500万下、芝2000m）。継続騎乗のデムーロ×鮫島厩舎は買いのセオリー通り1着に。

質の方針を貫いていた。多くの騎乗馬を用意するというよりは、ピンポイントで勝負になる馬を見つけてくるのを得意としている。

デムーロ、川田騎手ともに人気ジョッキーのため、安藤勝己元騎手のときのように、騎乗数を絞るということはしていないが、こと鮫島厩舎の馬に限っては、ここぞというときに2人を乗せてくるのは間違いない。

つまり、**鮫島厩舎の馬で2人が騎乗してきた人気薄の馬の一発は期待できる**ということだ。川田騎手の場合、勝ち切れていないのは確かだが、複勝回収率を考えれば人気を落とした馬でも2、3着に持ってきているともいえる。

例えば、18年2月10日洛陽S（4歳上OP、芝1600m）。鮫島厩舎は川田騎手とのコンビでタガノブルグを出走させてきた。近走成績を見れば、完全な頭打ち傾向にあるのがわかるだろう。12頭立てで11番人気（216・7倍）だったのも無理はない。

しかし、同馬の鞍上には川田騎手が起用されている。他に騎乗馬がいなかっただけなのかもしれないが、井上氏は量より質というタイプのエージェントということを認識していれば、「まったく馬券にならない可能性の馬ではない」ということに気づくはず。

結果、1着には1番人気（3・2倍）③サトノアーサー、2着は7番人気（13・9倍）⑩グァ

●2018年2月10日京都11R（4歳上OP、芝1600m）。ブービー人気で3着に激走した川田騎手&鮫島厩舎のタガノブルグ。

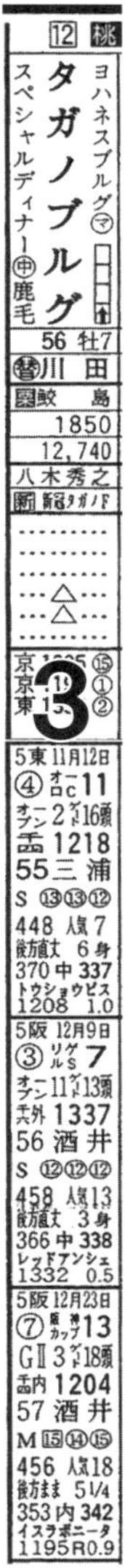
12 桃
ヨハネスブルグ㋮
タガノブルグ
スペシャルディナー㊥鹿毛
56 牡7
㊕川田
㊟鮫島
1850
12,740
八木秀之
㊕新冠タガノF
…△…
…△…
京 ⑮
京 ①
東 ②
3
5東 11月12日
④オーロC 11
オープン 2ゲート 16頭
芝1218
55 三浦
S ⑬⑬⑫
448 人気7
後方直大 6身
370 中 337
トウショウピスト
1208 1.0
5阪 12月9日
③リゲルS 7
オープン 11ゲート 13頭
芝外 1337
56 酒井
S ⑫⑫⑫
458 人気13
後方直大 3身
366 中 338
レッドアンシェル
1332 0.5
5阪 12月23日
⑦阪神カップ 13
GⅡ 3ゲート 18頭
芝内 1204
57 酒井
M ⑮⑭⑮
456 人気18
後方まま 5 1/4
353 内 342
イスラボニータ
1195 R0.9

ンチャーレ、そして3着に⑫タガノブルグが入ったのだ。川田タガノが3連複6万7590円、3連単21万4400円の特大配当の一翼を担ったのは間違いない。複勝でも2760円と爆穴となっている。

ちなみに、この期間に川田騎手が単勝万馬券馬に乗ったのは同馬を含めて5頭。他の4頭がGIや重賞、他厩舎での馬だったのに対し、タガノブルグは鮫島厩舎でOP特別と明らかに状況が違っていた。

タガノのような例は稀少だと思うが、エージェントの井上氏にしてみれば、「鮫島厩舎の馬でまったく勝負にならない馬に乗せない」ということの証明でもあったはずだ。

基本的にピンポイントで勝負になる馬を用意するエージェントのため、デムーロ、川田騎手の相関関係もわかりやすい。乗っている厩舎も被る傾向だし、2人の間の乗り替わりについても同様である。

穴男・江田照騎手が武山軍団入りで恐怖の再生中！

２０１８年に入り、エージェント制度が一部改正されたのはニュースにもなった。中でも注目を集めていたのがエージェントによる馬券購入の禁止。

よくよく考えれば今まで許されていたのが不思議なほどだが、公正競馬のお題目の下、ようやく禁止が決定した。

騎手エージェントの大半は、専門紙ＴＭやスポーツ紙記者が務めている。いわゆる〝兼業エージェント〟が中心。兼業エージェントたちは、自分が所属する新聞で印を打ったり、コラムを持っている。

今さら大きな騒ぎにはならないだろうが、こと公正競馬の観点から見れば、１章で触れているように大昔から疑問が呈されていた。今回、１月に入り専門紙系の兼業エージェントが大幅に減ったのも､馬券の購入行為禁止と密接な関係にあるのは間違いないだろう。少なくとも〝紛らわしい行為は慎もう〟ということなのかもしれない。

しかし、現実的に兼業エージェントはそれなりの数がいまだ存在する。

関東・関西で多くの騎手のエージェントを務めているのが、デイリー馬三郎（以降、馬三郎）

系のTM、記者たちだ。

中でも関東で有名なのは、17年途中まで蛯名騎手のエージェントを務めていた馬三郎記者の武山修司氏。後輩の面倒見もよく、関東では同じ馬三郎の澤田裕貴氏や文元仁氏が騎手エージェントとしても活躍している。

もちろん、騎手は個別のエージェントとルールを守って契約しているが、ここでは便宜上、関東の馬三郎（&デイリー系）でエージェントを務めている記者を「武山軍団」と呼ぶ。

武山氏は現在、吉田隼、三浦、江田照、木幡育騎手を担当しているが、ひと昔前は蛯名、大野騎手も担当していた。２人の離脱後に三浦、江田照騎手を担当することになったのだ。

関東の重鎮・蛯名騎手はなぜ武山氏と袂を分かったのか。15年87勝、16年62勝と勝ち星そのものは低落傾向にあったかもしれないが、例年７００鞍以上に安定して騎乗していたのも事実。ところが、17年3月に武山氏との契約を解除すると、同年は５９７鞍34勝と騎乗数、勝ち星を大きく減らしてしまったのだ（その後、すぐに山之内寛史氏と契約したが、こちらも解除した）。

18年も4月22日終了時点で10勝と、大物エージェントである武山氏と決別し成績低下傾向が止まらないという状況にある。こうした蛯名騎手の成績だけを見ても、武山氏がエージェントとして優秀なのがわかるだろう。

騎手枠が空いた武山氏は、後輩の文元氏が担当していた江田照騎手を自分の担当に変更した（17年11月30日）。すると、徐々に江田照騎手の馬質が上昇曲線を描く。

例えば、17年12月17日中山6R（2歳新馬、芝1600m）。江田照騎手はこのレースでは、ノーザンF生産馬でキャロットFのアングレームに騎乗し1着となる。

何も知らなければ単に新馬戦で1着になっただけという感想かもしれないが、江田照騎手がキャロットFの馬に騎乗したのは、15年7月15日福島11RラジオNIKKEI賞でのアクセラレート以来。なんと2年以上、キャロットFの馬に騎乗していなかったのだ。

17年12月17日といえば、エージェントを交代してからそれほど日も経っていない頃だが、武山氏の営業手腕による勝利だったのは間違いないだろう。

キャロットFと同じノーザンF系列のサンデーRの馬も同様だ。江田照騎手は17年12月24日中山5Rの新馬戦で、サンデーRのウイングセッションに騎乗し9番人気（単勝43・6倍）な

7 黄
ハービンジャー
アングレーム
シャラントレディ 黒鹿
54 牝3
江田照
矢野英
400
700
キャロットF
ノーザンF
△
△
△
△
10
近親
カフェオリンポス
アメリク
レース診断 上昇度◎
好仕上り。番手から危なな気なく抜け出し快勝
5中 12月17日 ⑥ 1
牝馬 新馬 芝外 6 16頭 1359
54 江田照
M②②②
438 人気3
先行抜出 2 1/2
357 中 364
スールマカロン
1363 0.4

●2018年3月11日中山11RアネモネS（3歳牝馬OP、芝1600m）。このレースは10着と大敗したアングレームだが、前走の新馬では江田照騎手を背に快勝している。

がら1着をもぎ取る。

江田照騎手がエージェントを交代する前から懇意にしている田中剛厩舎の管理馬だったことも関係しているとは思うが、同騎手にとってサンデーRの馬に騎乗するのは16年7月10日福島4R（3歳未勝利）のゴールドレイ以来のこと。

この2勝の後、急激にサンデーRやキャロットFへの馬の騎乗が増えているわけではないが、武山氏にエージェントが交代してから、こうしたノーザンF系傘下のクラブの有力馬が回ってくることも可能になったのだ。

馬券的には**江田照騎手がノーザンF系の馬に乗った際は押さえておく**といいだろう。

武山氏といえば、馬を軍団内の騎手で回すことも少なくない。

イセベル（牝3・大江原厩舎、3歳未勝利）という馬がいる。馬柱は18年4月15日中山1R

●2018年4月15日中山1R（未勝利、ダ1800m）。なかなか勝ち切れないが馬券圏内には入るイサベル。武山軍団で〝囲い込み〟されている馬といっていい。

に出走時（鞍上・江田照騎手）のものだが、前走は3キロ減の木幡育騎手が騎乗、2、3走前は吉田隼騎手、4走前は木幡育騎手が騎乗している。

そう、吉田隼、木幡育騎手は武山氏が担当する騎手たち。イセベルを管理する大江原厩舎と江田照騎手の関係性はエージェント交代前から良好だが、一連の騎手起用を見れば、武山氏によるマネージメントによるものだろう。

つまり馬券的なポイントとしては、**武山氏（武山軍団）内からの乗り替わりは積極的に買い**ということだ。結局、4月15日中山1Rでもイセベルは2番人気2着と勝てはしなかったが、しっかりと連対した。

また、武山氏の顔が利く厩舎の馬に起用されてきた際も注意が必要となる。

そのうちのひとつが高木厩舎。高木厩舎といえば、武山氏がエージェントを辞めて、自分で騎乗馬を管理するようになっても、大野騎手がメイン。しかし当たり前だが、ひとりの騎手だけで厩舎のすべての馬をまかなうことは不可能。そうした際に、江田照騎手など武山軍団の騎手が起用されるケースは少なくないのだ。

例えば、18年4月21日東京7R（4歳上500万下、ダート1400m）。江田照騎手は高木厩舎のジョワイユという馬に騎乗し、11番人気（69・1倍）で3着に入っている。

今までもまったく乗らなかったわけではないが、馬主経由の指名なのか、特定の馬が目立つ程度だった。ところが17年末のエージェント交代後、特定の馬以外にも騎乗することが少しずつ増えてきた。

このジョワイユはもともと大野騎手も乗っていた馬だが、3走前には吉田隼騎手も騎乗している。もちろん近走成績が伴わないこと、大野騎手が同レースでクインズラミントンに騎乗するため、乗れなかったということもあったのだろうが、武山氏の縁から江田照騎手にお鉢が回ってきたのは間違いない。

ちなみに、このレースで大野騎手のクインズラミントンは1番人気に推されるも4着と、江田照騎手が先着を果たしている。そういった意味では、**過去、江田照騎手と縁遠かった厩舎な**

●2018年4月21日東京7R（4歳上500万下、ダ1400m）、江田照騎手のジョワイユは11番人気で3着に食い込み、3連複18万7500円、3連単87万6220円の大波乱を演出（1着3番人気⑬ロードナカヤマ、2着10番人気④ノートルスウェ）。

り馬主の馬に騎乗してきた際は馬券でも注意が必要だ。

ノーザンF系の一口クラブ（サンデーR、キャロットF、シルクR）、高木、菊沢、国枝、久保田厩舎、若手厩舎全般、テソーロの了徳寺健二HDなど、今までとは違った人脈の馬には注意したほうがいいだろう。

もともと大レースでも勝負強い騎手だけに、どこかで一発穴をあけるケースは必ずあるはずである。

武山軍団のツートップ三浦、吉田隼騎手の場合

馬券的な妙味が江田照騎手のほうが上のため、時系列は前後したが、武山氏は2017年8月に復帰した三浦騎手のエージェントも務めている。

大野騎手との契約が解除された後、武山氏は三浦騎手との契約を結ぶ。2章でも解説しているが、その成績を見ればエージェント効果が高いというのがわかる。

・17年成績（8月12日以降～）

【24－26－26－246】勝率7・5％　連対率15・5％　複勝率23・6％
・18年成績（～4月22日）
【20－26－30－215】勝率6・9％　連対率15・8％　複勝率26・1％

復帰した17年8月は6勝を挙げ、完全復活をイメージづけた。

もちろん、三浦騎手は鹿戸厩舎に所属していることもあり、エージェントの営業に関わらず騎乗馬のバックアップ態勢が整っていた面があるのも事実。しかしデムーロ騎手の項でも述べた通り、エージェントが替われば、特定厩舎の馬が急増するなど、なんらかの変化はあるものだ。

ちなみに三浦騎手の負傷原因は、16年8月14日札幌7Rで1番人気モンドクラフトの故障による落馬。そこまでは元ダービーニュースの森山大地氏がエージェントだった。

16年1月～落馬までの成績は【32－33－27－328】（勝率7・6％、連対率15・5％、複勝率21・9％）と、数字ベースでは大きな違いがないように思えるが、エージェントが交代したことで騎乗する厩舎や馬主の馬に変化は生じている。

休養前の16年は高木厩舎の馬で【0－0－0－3】という成績。17年夏の復帰後は【3－0－2－10】という成績を残している。江田照騎手の項でも説明したが、武山氏が深く食い込んでいる高木厩舎の馬がしっかりと回っているのだ。

一方で、前任の森山氏時代に多かった相沢厩舎の馬は激減するなど、細かく見れば異なっている。

また、畠山厩舎の馬には休養前にそれほど多く乗ることはなかったが、復帰後は徐々に増えているのは確か。15年〜休養前までは1勝も挙げていなかったが、復帰後は1勝し乗鞍も増加傾向だ。

三浦騎手は高柳厩舎の馬に休養前も後も多く騎乗しているが、休養前に少なかったゴドルフィン系の馬への騎乗が復帰後に増えている。このあたりは厩舎の巡り合わせの問題もあるのかもしれないが、その動向には注意しておきたい。

休養後に増えた厩舎で、特注なのは**小島茂厩舎**だろう。15〜16年前半までは**【0−0−0−4】**と、年に1〜2頭程度の依頼しかなかった。ところが、復帰後の成績は**【2−4−2−20】**と騎乗数、馬質ともアップしている。

中でもリードザウインド（牝3・執筆時点ではOP、1000万下）は吉田照哉氏名義の馬（社台オーナーズ）。デビュー戦から5戦連続して手綱を取っている（馬柱は4月7日中山7R出走時のもの）。

●2018年4月7日中山7R（3歳500万、ダ1200m）、1番人気で勝ち切り2勝目を挙げた小島茂厩舎のリードザウインド。ここまでの5戦すべてで三浦騎手が手綱を取っている。

小島茂厩舎の主戦は、田辺騎手が務めることが多い。ただ田辺騎手も、関東ではリーディング上位になるまで結果を残し騎乗依頼が多くなった。遠征時には積極的に起用するルメール騎手も、常時乗せられるわけではないだろう。

そういった意味で、それなりの実績もあり、復帰後に結果を残している三浦騎手が食い込む余地があったのかもしれない。

そして武山氏が抱えている騎手の中で、17年最も成績を上げたのが吉田隼騎手（81勝、関東4位）。

しかし、18年吉田隼騎手の成績はここまで【15－26－20－175】（勝率6・4％、連対率17・4％、複勝率25・8％）と不振傾向。17年後半から軍団に加わった三浦騎手以下の成績なのはちょっと気になる。

18年に入り必ずしもローカル中心ではなく、主場開催で乗る機会が増え、馬が集まりにくいという状況なのかもしれないが、17年【81―47―55―537】（勝率11・3％、連対率17・8％、複勝率25・8％）と比較すると、勝ち星が大きく低下している。

ローカル開催では多くの関西馬に騎乗する吉田隼騎手だが、主場開催になるとどうしても他のリーディング上位騎手に馬が回ってしまう面は否定できない。それでも連対率、複勝率、騎乗数は17年並みということを考えると、夏の北海道シリーズなどで巻き返してくる可能性も頭に入れておきたい。

〝自立〟を選んだ横山典騎手と、そのファミリー

先に触れたように、2017年1月にJRAでエージェント改革の狼煙が上がった。当初は、エージェント1名につき担当騎手1名といった、厳しい制限が設けられるのではないかと囁かれていたが……。

このエージェント改革案に真っ先に呼応したのが、関東のベテラン騎手たち。蛯名騎手は馬三郎の武山修司氏との契約を打ち切り、競馬界とは関係のない元テニス選手の山之内寛史氏と

契約。

この場合はエージェントといっても、単にマネージャー的役割を担う人物という意味だろう。人間関係やシステムが煩雑な競馬界で、まったく縁のなかった人物が、乗り馬の調整や厩舎との折衝といったエージェント的役割を果たせるはずがないからだ。

おそらく蛯名騎手の判断を仰ぎながらの秘書的役割を果たすためのエージェント登録だったと思われる。

蛯名騎手はその後、山之内氏との契約も打ち切った。山之内氏は黛騎手らとも契約しているが、その後、トレセンには来なくなってしまっているらしい。


一方の雄、横山典騎手は長年エージェントを務めて来た永楽裕樹氏（研究ニュース）との契約を打ち切り。その後は、蛯名騎手とは違って、エージェントを付けずに独自の営業活動を行なっている。このあたりは樋野竜司氏の『馬券術政治騎手名鑑2018　排除の論理』（弊社刊）でも触れられている通りなので、詳細を知りたい方はご一読をオススメする。

横山典騎手がエージェントと縁を切り、最初に行なったのが**栗東開拓**だ。

例えば、エージェントがいた際の16年厩舎別成績は表の通りだった。義弟にあたる菊沢厩舎、横山典騎手を主戦として起用していた鈴木康弘元調教師の門下生である萩原厩舎といったところが中心。

ところが、17年以降は菊沢厩舎以外のラインナップが大きく変化する。トップの成績となったのは**昆厩舎**。

永楽氏との契約を打ち切り、栗東開拓を始めた17年5月頃から一気に騎乗馬が増え、表の通り横山典騎手の騎乗馬の供給

【厩舎別】成績

着別度数	勝率	連対率	複勝率	単回値	複回値
7- 3- 2-20/32	21.9%	31.3%	37.5%	93	73
7- 2- 1-14/24	29.2%	37.5%	41.7%	130	72
4- 3- 2-27/36	11.1%	19.4%	25.0%	75	46
4- 3- 1-10/18	22.2%	38.9%	44.4%	122	101
3- 4- 1- 7/15	20.0%	46.7%	53.3%	86	96
2- 3- 3- 9/17	11.8%	29.4%	47.1%	46	98
2- 2- 3-10/17	11.8%	23.5%	41.2%	52	80
2- 1- 0-11/14	14.3%	21.4%	21.4%	54	55
2- 0- 0-14/16	12.5%	12.5%	12.5%	124	40
2- 0- 0- 3/ 5	40.0%	40.0%	40.0%	178	80

騎手【厩舎別】成績（17年１月５日～18年４月22日）

着別度数	勝率	連対率	複勝率	単回値	複回値
11- 8- 3-31/53	20.8%	35.8%	41.5%	107	92
8-10- 5-39/62	12.9%	29.0%	37.1%	54	84
5- 1- 1- 8/15	33.3%	40.0%	46.7%	68	92
4- 3- 1-21/29	13.8%	24.1%	27.6%	55	71
3- 3- 4-13/23	13.0%	26.1%	43.5%	43	107
3- 0- 2- 2/ 7	42.9%	42.9%	71.4%	217	144
3- 0- 2- 2/ 7	42.9%	42.9%	71.4%	105	161
3- 0- 0- 3/ 6	50.0%	50.0%	50.0%	298	85
2- 4- 1- 8/15	13.3%	40.0%	46.7%	26	86
2- 2- 1- 6/11	18.2%	36.4%	45.5%	103	84

源となっている。ちなみに16年、昆厩舎の馬での成績は【1―0―0―3】という具合で、特につながりが強かったわけではない。

このままでは騎乗馬がいなくなると考えた横山典騎手が、栗東へ赴き調教を手伝うなど、自らエージェント活動を行なった結果が、昆厩舎とのコネクションに結びついたのだろう。

ではなぜ、池江厩舎や藤原英厩舎といった常にリーディング上位で勝ち星が見込める厩舎ではなく、昆厩舎だったのだろうか。

あくまでも推測の域は出ないが、それは昆厩舎が社台グループの影響がほぼ皆無の厩舎だからではないだろうか。

池江厩舎などのリーディング上位厩舎は社台グループ、中でもノーザンF系の馬が少なくない。ノーザンF系は常にルメール、デムーロ騎手をメインに起用し、シーズンによっては短期免許の外国人騎手をバンバン使ってくる。

●16年の横山典騎手

順位	厩舎
1	(美)菊沢隆徳
2	(美)萩原清
3	(美)杉浦宏昭
4	(美)奥平雅士
5	(美)鹿戸雄一
6	(栗)松永幹夫
7	(美)戸田博文
8	(美)大和田成
9	(美)小野次郎
10	(栗)加用正

●17年以降の横山典

順位	厩舎
1	(栗)昆貢
2	(美)菊沢隆徳
3	(美)田島俊明
4	(美)石栗龍彦
5	(美)金成貴史
6	(美)加藤征弘
7	(美)土田稔
8	(美)小島太
9	(美)杉浦宏昭
10	(美)尾関知人

数多くのGIを勝ち実績を残している横山典騎手だって、いつでも乗り替えられてしまう運命なのは否定できないのだ。これでは勝ち星はもちろん、騎乗馬が安定しない。

美浦にも栗東にも、オーナーの背景に関わらず横山典騎手に乗ってもらいたいという厩舎は少なくない。ただ、調教師の置かれている立場は、競馬ファンが思っているほど強くないのも事実。

とある若手調教師はこうぼやく。

「ノーザンFさん系とマイネル軍団さん系は、こちらが口を出せません。動きに物足りなさがあって1週間ズラしたいと申し出ても、却下されることがほとんどです。

騎手起用についても同様の傾向が見られます。ローカルを使うから若手に乗せようかなと思っていても、●●騎手が空いているならそっちで、ということが少なくないのが現状。反論を挟む余地さえ残っていないのです」

実績を残しているベテラン騎手だって、社台グループが乗せないと決めたら、調教師は従わざるを得ないのだ。

例えば、田中勝騎手。関東でも大ベテランの部類になってしまったが、若い頃から騎手としての評価が高いのは説明するまでもないだろう。ところが、この田中勝騎手、15年11月22日東京12Rでスマイルシャワーという馬に騎乗して以降、サンデーRの馬に1頭も乗せてもらっていない。

田中勝騎手といえば、宗像厩舎の主戦騎手も務めている。同厩舎はフェイムゲームなど、サンデーRの馬もコンスタントに預託されている厩舎だ。懇意にしている宗像厩舎でさえ、田中勝騎手に対してサンデーRの馬を回すことができなくなっている現状がある。

キャロットFの馬も同様で、こちらは16年8月14日新潟9Rでシュシュブリーズに騎乗したのが最後。シルクRの馬も17年7月8日福島9Rでサーブルノワールに騎乗したのが最後となっており、この年、シルクRの馬には同馬1頭にしか騎乗していない。事実上、16年夏以降、ノーザンF系一口クラブの馬から締め出しを喰らっているのだ。

当然、騎手たちはこういった状況には敏感。サンデーRのアエロリットで実績を残している横山典騎手ですら、いつ田中勝騎手のような立場に追い込まれても不思議がないという危機感があったのだろう。

いくら厩舎に営業をかけたところで、こうした大手牧場の意向を無視できる厩舎はほとんどない。そういった意味で、社台グループやマイネル軍団の影響がまったくない昆厩舎への営業は、理に適っているのだ。

本書執筆時点では結果が出ていないものの、横山典騎手はヴィクトリアMで義弟である菊沢厩舎のアエロリットを選ばずに、昆厩舎のミスパンテールを選択。GIを勝っているアエロリットを選択したというよりは、昆厩舎のつながりを大事にしたというのが正確なところではないだろうか。

というのも、横山典騎手もサンデーRの馬に騎乗する機会が減っている。17年1月以降、横山典騎手はサンデーRの馬で【3―3―0―4】。10鞍にしか騎乗していないし、そのうちの7鞍がアエロリットによるもの。つまり、サンデーRはほぼアエロリットだけを乗せているといっていい。

また、アエロリットは義弟の菊沢厩舎の管理馬。1回断ったところで、再び戻ってくる可能性もあるだろう。せっかく開拓した昆厩舎の縁が切れるよりも、アエロリット以外は縁遠いサンデーRの馬に騎乗するリスクが高いと判断したのではないだろうか。

こうした横山典騎手の栗東開拓は、息子や甥っ子たちにも好影響を与えている。

横山典騎手には和生、武史騎手の息子2人が騎手になり、義弟である菊沢調教師の息子である一樹騎手もいる。自身を含めて身内の4名が騎手として活躍しているのだ。そういったファミリー騎手たちの騎乗馬も関西馬が急増中だ（ただしローカルが中心）。

例えば、18年4月7日福島3R（4歳上500万下、ダート1700m）。このレースで甥っ子の菊沢騎手は5番人気（単勝6・5倍）の⑨メイショウナゴミに騎乗。

前走は和田騎手だが、3走前、2走前は実息の武史騎手が騎乗している馬。本来なら武史騎手でもよさそうなところだが、同騎手はレーヌミラクルに騎乗している。このあたりの事情はわからないが、メイショウナゴミには菊沢一樹騎手となった。

まだエージェントが付いていた16年、横山典騎手はメイショウの松本好雄オーナーの馬には一度しか騎乗していない。それが、17年以降はそれほど目立つ結果ではないものの、【1―0―0―9】と騎乗数が増えているのだ。

これは栗東開拓で、昆厩舎以外にも石橋、本田厩舎からの騎乗依頼が増えたことによる影響だろう。メイショウナゴミを管理する南井厩舎の馬には、横山典騎手そのものは騎乗していないものの、馬主を通じて騎乗馬を確保することもあり得るはず。

メイショウの松本オーナーは、義輪人情に厚いことでも有名なのはよく知られている話。武史騎手が乗れないなら菊沢騎手に声がかかっても不思議はないのだ。内幕をすべて把握するの

1700m良）

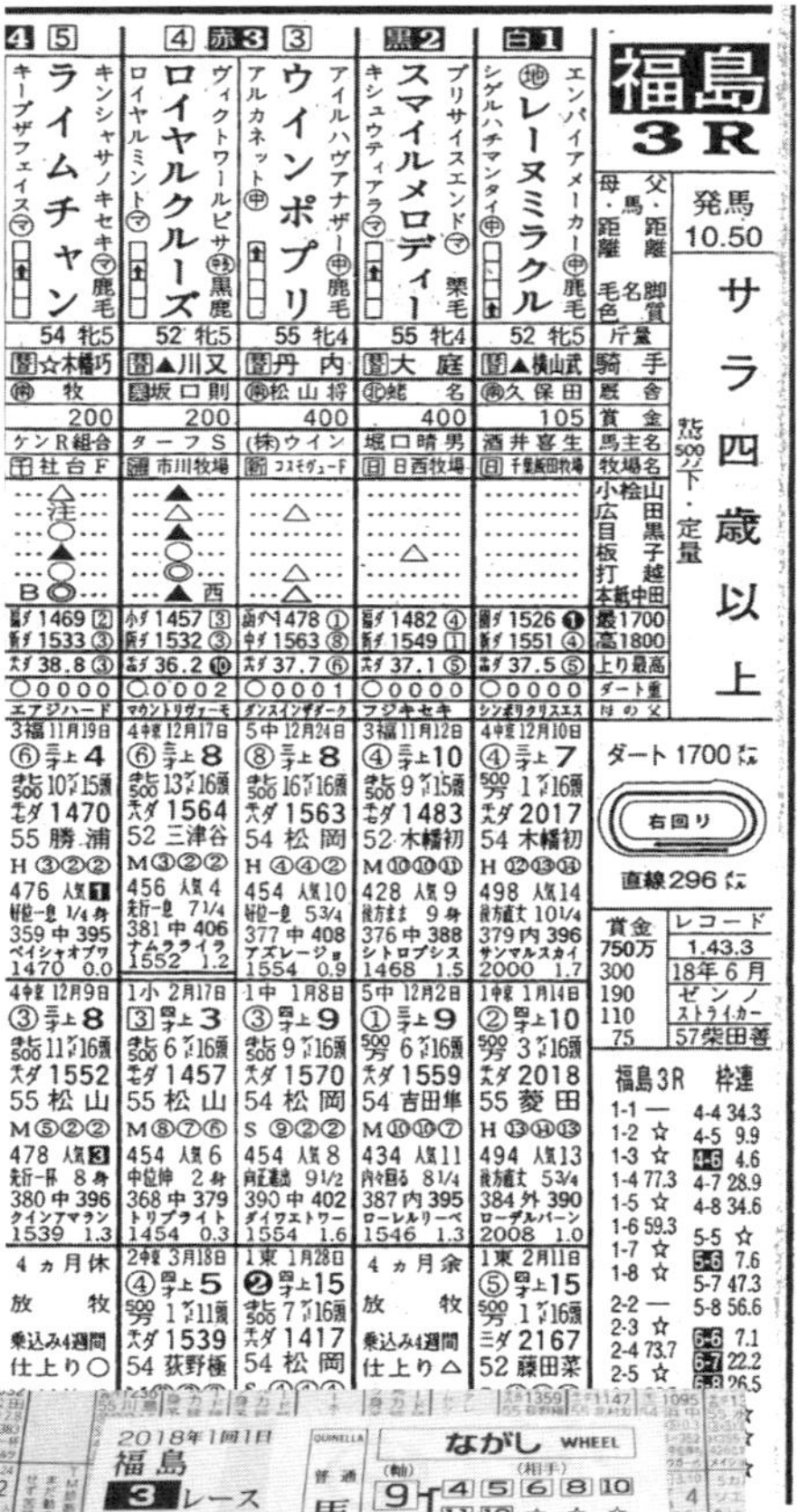

福島 3R 発馬 10.50 サラ四歳以上 500万下・定量 ダート1700㍍ 右回り 直線296㍍

	4 5	4 赤3 3	黒2	白1
父	キンシャサノキセキ	ヴィクトワールピサ	アイルハヴアナザー	エンパイアメーカー
馬名	ライムチャン	ロイヤルクルーズ	ウインポプリ	レーヌミラクル
母	キープザフェイス	ロイヤルミント	アルカネット	シグルハチマンタイ
馬名			スマイルメロディー (キシュウティアラ・プリサイスエンド)	
斤量	54 牝5	52 牝5	55 牝4 / 55 牝4	52 牝5
騎手	☆木幡巧	▲川又	丹内 / 大庭	▲横山武
厩舎	牧	坂口則	松山将 / 蛯名	久保田
賞金	200	200	400 / 400	105
馬主名	ケンR組合	ターフS	(株)ウイン / 堀口晴男	酒井喜生
牧場名	社台F	市川牧場	コスモヴューF / 日西牧場	千葉飯田牧場

賞金 750万 300 190 110 75　レコード 1.43.3 18年6月 ゼンノストライカー 57柴田善

福島3R 枠連
1-1 — 1-2 ☆ 1-3 ☆ 1-4 77.3 1-5 ☆ 1-6 59.3 1-7 ☆ 1-8 ☆ 2-2 — 2-3 ☆ 2-4 73.7 2-5 ☆
4-4 34.3 4-5 9.9 4-6 4.6 4-7 28.9 4-8 34.6 5-5 ☆ 5-6 7.6 5-7 47.3 5-8 56.6 6-6 7.1 6-7 22.2 6-8 26.5

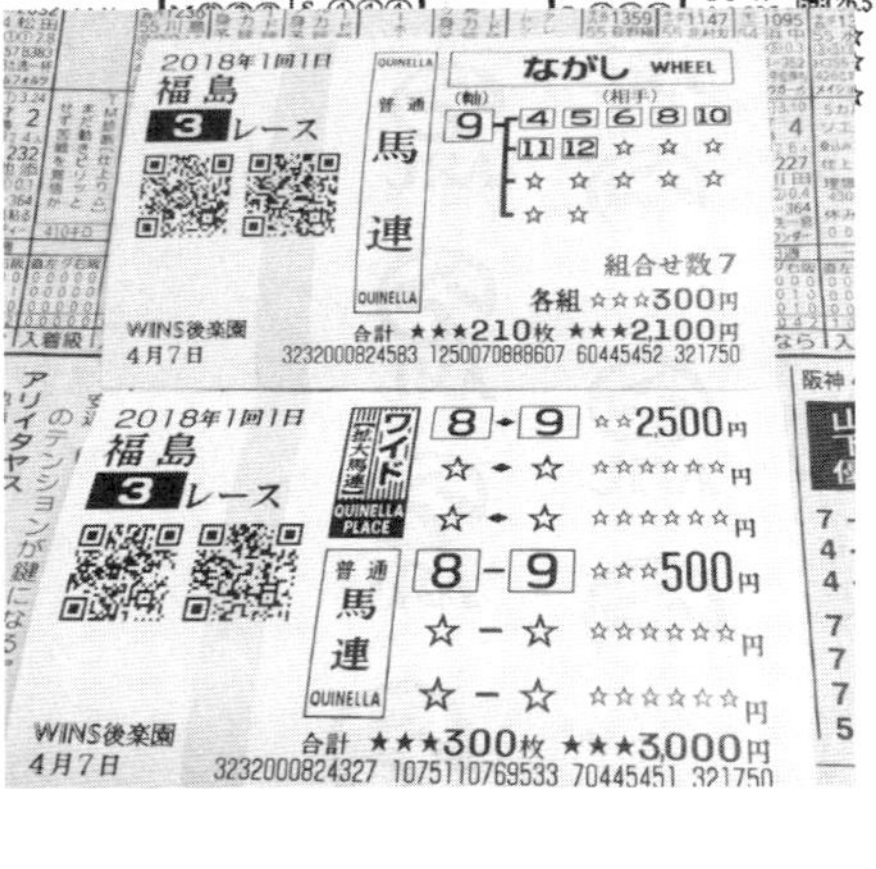

は不可能だが、「なぜ？」と違和感を覚える組み合わせには、何かしらの事情がある。そういった意味で、このメイショウナゴミは狙い目だったといっていい。

結果、後方から進んだ⑨メイショウナゴミがゴール前差し切って1着。2着に3番人気⑧クリノヴィクトリアが入り馬連1370円。本書スタッフの実験馬券は、ワイドも含めて厚めの

2018年４月７日福島３R（４歳上500万下、ダート

14	桃8 13	12	橙7 11	10	緑6 9	8	黄5 7	6 青
クロフネ(外) ㊞ゴスペル チャペルコンサート㊥ 鹿毛	ダノンシャンティ(マ) ㊞イノデザイヤ ミスアイーカメ(マ) 栗毛	ステイゴールド(輸) レッドミラベル ダンスーズデトワール(マ) 芦毛	キングカメハメハ(輸) ㊞ワンダーラスト ブロードストリート㊥ 鹿毛	ファルブラヴ㊥ ストライクショット タイトルパート(マ) 鹿毛	スズカマンボ(輸) メイショウナゴミ ザディ(輸) 青鹿	アサクサキングス(輸) クリノヴィクトリア キボウ(マ) 栗毛	ベーカバド㊥ ㊞キープスマイル スマイルビクトリー㊥ 鹿毛	サムライハート㊥ コウセイマユヒメ コリーナデルナ(輸) 鹿毛
55 牝4	55 牝4	55 牝4	55 牝5	55 牝5	52 牝6	53 牝4	55 牝4	52 牝7
伊藤工	伴	勝浦	村田	菱田	▲菊沢	△森裕	西田	▲藤田菜
(南)林	(南)柴田人	(南)尾関	(北)藤原辰	(北)加藤征	(栗)南井	(北)高市	(南)浅野	(北)中野栄
30	60	400	70	450	450	400	60	200
サイプレスHD	井上久光	東京HR	下河邉行雄	(株)イージス	松本好隆	栗本博晴	杉浦和也	杉安浩一郎
白老F	山際牧場	社台F	下河辺牧場	ノーザンF	グランド牧場	イズモリF	豊洋牧場	石郷岡雅樹
	△ △ △	△ △ △	△	○ ◎ ◎ 注 △ 注	注 ○ 注 ◎ 注 ○ 西	◎ ▲ △ △ ▲ B △		△ △ △ △ △
小ダ1476⑨ 阪ダ1553⑮	ダ1396⑪ 中ダ1559⑨	芝1372⑭ 新1477⑭	園ダ1548❼ 阪ダ1539②	ダ1383② ダ1547⑥	札ダ…6① 阪…9⑦	函ダ…③ 新…51❷	ダ1148⑭ ダ1422⑨	札…② 新…②
ダ38.3④	ダ39.0⑦		ダ38.8②	ダ36.9⑥	ダ3…6④	ダ3…❷	ダ39.7⑭	ダ…②
○0001	○0002	○0000	○0000	○0000	○0…13	○…1	○0000	○…5
サンデーサイレンス	アグネスタキオン	ハイエストオナー	アグネスタキオン	アグネスタキオン	シンボリクリスエス	サッカーボーイ	スペシャルウィーク	ホワイトマズル
笠松 1月10日 ❷三才上1 C18 2ﾄ9頭 ダ1296 54 佐藤友 M⑤⑤③ 466 人気5 好位抜出 1 1/2 373外391 アルングリム 1298 0.2	金沢 12月5日 ❷三才上1 C2 4ﾄ9頭 ダ1376 54 葛山晃 M①①① 461 人気1 逃楽勝 6身 内383 オーミカンター 1388 1.2	4中 9月10日 ②三才上10 500万 10ﾄ15頭 芝内1483 52 吉田豊 S⑩⑬⑫ 440 人気5 出遅る 4 1/2 372中345 ラッシュアタック 1476 0.7	園田 8月4日 ⑥三才上2 B2 4ﾄ12頭 ダ1302 54 杉浦健 H⑧⑥④ 426 人気2 中位伸 3/4身 中391 クリノチョモラ 1301 0.1	4中京 12月9日 ③三才上16 500万 10ﾄ16頭 ダ1580 55 C.デムーロ M⑥③③ 500 人気2 引掛る 大差 382中423 クインアマラン 1539 4.1	1小 2月17日 ③四才上4 500万 14ﾄ16頭 ダ1457 52 横山武 M⑧⑦⑧ 458 人気8 中位伸も 2身 368外379 トリプライト 1454 0.3	1中京 1月27日 ⑤四才上4 500万 12ﾄ13頭 ダ1546 51 横山武 M⑥③③ 434 人気6 追上一息 2 1/2 378中388 コンプリートベ 1542 0.4	水沢 12月3日 ❺三才上9 C1 9ﾄ11頭 ダ1456 54 斎藤雄 M⑪⑩⑩ 446 人気9 後方まま 8身 395内405 ボンジュールボ 1441 1.5	3福 11月4日 ②三才上4 500万 7ﾄ15頭 ダ1474 54 木幡初 M⑩⑪⑪ 460 人気7 後方伸 4 1/4 372内388 パイルーチェ 1467 0.7
笠松 1月25日 ❹三才上6 C1 3ﾄ10頭 ダ1458 54 丸野勝 S⑧⑨⑦ 461 人気9 後方差詰 8 1/2 内387 リーブスプラウ 1441 1.7	金沢 12月22日 ❷三才上1 C2 3ﾄ10頭 ダ1291 54 葛山晃 H①①① 459 人気1 逃楽勝 4身 385内384 ビーチェス 1299 0.8	3福 11月19日 ⑥牝14 500万 9ﾄ16頭 芝1505 53 黛 M⑮①① 438 人気8 マクるも 9 1/4 367内379 キューンハイト 1491 1.4	園田 9月1日 ⑥三才上3 B2 3ﾄ12頭 ダ1205 54 杉浦健 S⑦⑥⑤ 426 人気2 中位伸 1 3/4 中386 ラストチャンス 1202 0.3	1中京 1月21日 ④四才上2 500万 2ﾄ16頭 ダ1550 55 菱田 M①①① 500 人気4 逃惜敗 アタマ 379内394 ヒダロマン 1550 0.0	1小 3月4日 ⑧四才上4 500万 5ﾄ14頭 ダ1479 52 横山武 S⑨⑨⑧ 456 人気4 中位差詰 1 1/2 388中386 ピンキージョー 1477 0.2	2中京 3月11日 ②四才上10 500万 4ﾄ13頭 ダ1557 52 横山武 S②④④ 434 人気7 先行一杯 13 1/4 390内392 ダンツエンペラ 1535 2.2	水沢 12月17日 ❺三才上1 C1 6ﾄ9頭 ダ1430 54 山本政 H⑥⑤④ 453 人気6 直線競勝 1/2身 374中399 ビービージンガ 1431 0.1	1小 2月10日 ①四才上14 500万 7ﾄ16頭 ダ1490 55 田辺 S⑪⑦⑧ 456 人気10 追上一杯 8 1/2 384外391 アオイテソーロ 1476 1.4
笠松 2月6日 ②三才上1 C14 8ﾄ8頭 ダ1460 54 池田敏 S③③① 462 人気1 直線競勝 アタマ 中392 アップルパンチ 1460 0.0	3ヵ月半 中央再転入 乗込み4週間 仕上り○ 理想体重 470キロ 3ヵ月以上休 ①②③外 0001	1東 1月27日 ①四才上14 500万 6ﾄ16頭 芝1372 54 福永 S⑨⑧⑨ 442 人気9 中位一杯 12身 364中361 アーチキング 1352 2.0	7ヵ月余 中央再転入 乗込み5週間 仕上り○ 連対体重 416キロ 3ヵ月以上休 ①②③外 0001	1東 2月12日 ⑥四才上9 500万 8ﾄ16頭 ダ1269 55 菱田 M①②① 500 人気5 先争遅く 7 1/2 352中394 ラーナアズーラ 1257 1.2	2阪 3月24日 ①四才上5 500万 11ﾄ11頭 ダ1540 55 和田 S⑧⑧⑨ 454 人気4 後方差詰 5 1/2 391外380 ウインガーネット 1531 0.9	2中京 3月24日 ⑤四才上2 500万 2ﾄ13頭 ダ1541 53 森裕 M③④④ 438 人気5 G前不利 クビ 378内389 ナガラエンカ 1541 0.0	水沢 1月8日 ❺四才上5 C1 7ﾄ8頭 ダ1447 54 山本政 M⑧⑧⑧ 450 人気3 直り差詰 3身 399外392 ステージアート 1441 0.6	1小 2月17日 ③四才上7 500万 7ﾄ10頭 芝2425 54 木幡初 S⑨⑨⑧ 462 人気10 後方まま 7 1/2 404中357 プリンスオブペ 2413 1.2

１着⑨メイショウナゴミ　（５番人気）

２着⑧クリノヴィクトリア（３番人気）

３着⑥コウセイマユヒメ　（７番人気）

単⑨ 650 円　複⑨ 190 円　⑧ 160 円　⑥ 470 円

馬連⑧−⑨ 1370 円　馬単⑨→⑧ 3100 円

ワイド⑧−⑨ 410 円

３連複⑥⑧⑨ 7380 円

３連単⑨→⑧→⑥ 36820 円

的中となった。

ちなみに武史騎手騎乗の①レーヌミラクルも小差の6着だった。

エージェントを切った横山典騎手の場合、非社台グループの関西馬騎乗時、とりわけ過去に横山ファミリーが騎乗したことのある非社台グループの馬が狙い目となる。

このように、騎手とエージェントとの関係を推測するだけでも、馬券的に面白い馬は見つかるといっていいだろう。

エージェントと騎手【関東】最新リスト

騎手名後の（　）は17年勝利数と関東リーディング順位。軍団内での乗り替わりの際の参考までに。★は若手騎手枠で、こちらは特に裏開催のローカルでマークしたい。2018年5月3日時点のJRAホームページ「騎乗仲介者一覧（美浦）」から構成。順不同、敬称略。

●中村剛士

・戸崎圭太（171勝、1位）　・内田博幸（89勝、2位）

★藤田菜七子（14勝、28位）

●武山修司（デイリー馬三郎）

・吉田隼人（81勝、4位）　・三浦皇成（24勝、19位）

・江田照男（10勝、32位）　★木幡育也（6勝、37位）

●常木翔太（デイリー馬三郎）

・丹内祐次（28勝、16位）・宮崎北斗（5勝、39位）
★横山武史（13勝、29位）

●澤田裕貴（デイリー馬三郎）
柴田善臣（16勝、26位）・森　泰斗（船橋）

●文元　仁（デイリー馬三郎）
嘉藤貴行（3勝、57位）

●森山大地（元ダービーニュース）
・石橋　脩（67勝、5位）・津村明秀（51勝、8位）
・石川裕紀人（20勝、23位）★井上敏樹（13勝、31位）
※それまで軍団の中核だった石川騎手は17年夏に落馬負傷により長期離脱。18年4月下旬に復帰したが、軍団内でどれほど乗り馬が回るかは要観察。

●川島康孝（元ダービーニュース）
・柴田大知（47勝、9位）　・丸山元気（29勝、15位）
・柴山雄一（25勝、17位）　★原田和真（3勝、52位）

●松本浩志（競馬エイト）
・北村宏司（60勝、6位）　★野中悠太郎（13勝、30位）

●板倉和智（優馬）
田辺裕信（84勝、3位）

●小野智美（優馬）
★木幡巧也（18勝、25位）

●黒津紳一（日刊競馬）
・勝浦正樹（31勝、14位）　・的場勇人（5勝、45位）

★武藤　雅（24勝、18位）

●**永楽裕樹**（**研究ニュース**）

・横山和生（10勝、33位）・菅原隆一（5勝、44位）

・武士沢友治（4勝、46位）

●**小渕高慶**（**元馬→元競馬ブック**）

★長岡禎仁（4勝、48位）・山崎誠士（川崎）

●**藤本秀樹**

・松岡正海（37勝、11位）・村田一誠（5勝、41位）

●**町田周平**

・丸田恭介（22勝、20位）・田中勝春（22勝、21位）

★山田敬士（18年デビュー）

●三浦毅彦
・金子光希（障害4勝）
●渡辺敬一（競馬ブック）
・御神本訓史（大井）
●坂巻昌二（スポーツ報知）
・笹川　翼（大井）

エージェントと騎手【関西】最新リスト

騎手名後の（　）は17年勝利数と関西リーディング順位。軍団内での乗り替わりの際の参考までに。★は若手騎手枠で、こちらは特に裏開催のローカルでマークしたい。２０１８年5月3日時点のＪＲＡホームページ「騎乗仲介者一覧（栗東）」から構成。順不同、敬称略。

●**豊沢信夫**（元競馬ニホン）
・クリストフ・ルメール（199勝、1位）・浜中　俊（60勝、11位）
★城戸義政（15勝、33位）・ヒュー・ボウマン（短期免許、5月27日まで）

●**三宅俊博**（元競馬ニホン）
・高倉　稜（20勝、28位）・鮫島良太（11勝、39位）
・国分優作（9勝、43位）

●**荒木敏宏**（元競馬ニホン）
・小牧　太（36勝、20位）・岡部　誠（愛知）

●**小原靖博**（元競馬ブック）
・福永祐一（116勝、3位）・岩田康誠（83勝、6位）
・四位洋文（34勝、23位）★小崎綾也（15勝、34位）

●**井上政行**（競馬ブック）

・ミルコ・デムーロ（171勝、2位）　・川田将雅（91勝、5位）

●**安里真一**（デイリー馬三郎）

・藤岡康太（44勝、14位）　・藤岡佑介（36勝、17位）

・熊沢重文（障害14勝）　★富田　暁（17勝、32位）

●**赤木俊介**（デイリー馬三郎）

★中井裕二（11勝、40位）　・田中　学（兵庫）

・山口　勲（佐賀）

●**櫻井眞人**（優馬）

・和田竜二（96勝、4位）　・松山弘平（61勝、10位）

・松若風馬（42勝、15位）

●目黒和外（優馬）
・池添謙一（51勝、12位）　・古川吉洋（36勝、21位）
・川島信二（8勝、45位）

●廣田晶彦（優馬）
・鮫島克駿（31勝、22位）

●井尻雅大（研究ニュース）
・岩崎　翼（28勝、25位）　・小林徹弥（2勝、64位）

●石井俊宏（研究ニュース）
・酒井　学（19勝、29位）　・太宰啓介（12勝、37位）
・吉原寛人（金沢）

●永山弘樹（研究ニュース）

・国分恭介（23勝、27位）　★三津谷隼人（6勝、51位）

●平林雅芳（元ホースニュース馬）

・武　豊（82勝、7位）

●橋本貞男（元ホースニュース馬）

・幸　英明（65勝、8位）　・秋山真一郎（40勝、16位）
・菱田裕二（36勝、18位）

●大谷博毅

・北村友一（65勝、9位）　・川須栄彦（18勝、31位）
★加藤祥太（12勝、36位）

●細川貴之

・中谷雄太（19勝、30位）　★坂井瑠星（36勝、19位）

●甲斐弘治（競馬ブック）
★西村純也（18年デビュー）　★服部寿希（18年デビュー）

野中香良（のなか　こうすけ）
1976年、東京都出身。明治大学文学部卒。くじ、競馬専門誌編集を経て、フリーライターに。月刊誌「競馬最強の法則」で「俺はまだ馬券で本気出してないだけ」を約２年連載。また「行け青本隊　最強ＰＯＧ★バトル」を連載中。著書に『「社台王朝」の裏を知ればこんなに馬券が獲れる！』『マイネル軍団の裏を知ればこんなに馬券が獲れる！』『「社台王朝」の異変に気づけばこんなに馬券が獲れる！』『日刊コンピブロックバスター』。近著に『馬券しくじり先生の超穴授業』『社台系クラブの内幕を知ればこんなに馬券が獲れる！』（競馬ベスト新書）など。

騎手《きしゅ》エージェントの内幕《うちまく》を知《し》ればこんなに馬券《ばけん》が獲《と》れる！

2018年6月5日　初版第一刷発行

著者◎野中香良《のなかこうすけ》&エージェント研《けん》

発行者◎塚原浩和
発行所◎ＫＫベストセラーズ
〒170－8457　東京都豊島区南大塚２丁目29番７号
電話　03－5976－9121（代表）

印刷◎近代美術
製本◎フォーネット社

ISBN978－4－584－10445－3　C 0275